ハングル早見表

	ㅏ [a]	ㅑ [ja]	ㅓ [ɔ]	ㅕ [jɔ]	ㅗ [o]	ㅛ [jo]	ㅜ [u]	ㅠ [ju]	ㅡ [ɯ]	ㅣ [i]	ㅐ [ɛ]	ㅔ [e]
ㄱ [k/g]	가	갸	거	겨	고	교	구	규	그	기	개	게
ㄴ [n]	나	냐	너	녀	노	뇨	누	뉴	느	니	내	네
ㄷ [t/d]	다	댜	더	뎌	도	됴	두	듀	드	디	대	데
ㄹ [r]	라	랴	러	려	로	료	루	류	르	리	래	레
ㅁ [m]	마	먀	머	며	모	묘	무	뮤	므	미	매	메
ㅂ [p/b]	바	뱌	버	벼	보	뵤	부	뷰	브	비	배	베
ㅅ [s]	사	샤	서	셔	소	쇼	수	슈	스	시	새	세
ㅇ [-]	아	야	어	여	오	요	우	유	으	이	애	에
ㅈ [tʃ/dʒ]	자	쟈	저	져	조	죠	주	쥬	즈	지	재	제
ㅊ [$tʃ^h$]	차	챠	처	쳐	초	쵸	추	츄	츠	치	채	체
ㅋ [k^h]	카	캬	커	켜	코	쿄	쿠	큐	크	키	캐	케
ㅌ [t^h]	타	탸	터	텨	토	툐	투	튜	트	티	태	테
ㅍ [p^h]	파	퍄	퍼	펴	포	표	푸	퓨	프	피	패	페
ㅎ [h]	하	햐	허	혀	호	효	후	휴	흐	히	해	헤

助詞のまとめ

（助詞はこれ以外にもある）

<table>
<tr><th></th><th></th><th>母音終わり</th><th>子音終わり</th></tr>
<tr><td>は</td><td></td><td>는　여기는</td><td>은　이것은</td></tr>
<tr><td>も</td><td></td><td colspan="2">도　여기도, 이것도</td></tr>
<tr><td>が</td><td></td><td>가　여기가</td><td>이　이것이</td></tr>
<tr><td>を</td><td></td><td>를　여기를</td><td>을　이것을</td></tr>
<tr><td rowspan="2">に</td><td>事物・場所に続いて</td><td colspan="2">에　여기에, 이것에</td></tr>
<tr><td>人・動物に続いて</td><td colspan="2">에게, 한테　친구에게, 친구한테</td></tr>
<tr><td>へ</td><td>方向</td><td>로　도쿄로</td><td>으로　부산으로
로（終声ㄹ終わり）서울로</td></tr>
<tr><td rowspan="2">で</td><td>道具・手段</td><td>로　컴퓨터로</td><td>으로　볼펜으로
로（終声ㄹ終わり）연필로</td></tr>
<tr><td>場所</td><td colspan="2">에서　도쿄에서, 부산에서</td></tr>
<tr><td rowspan="3">から</td><td>事物・場所に続いて</td><td colspan="2">에서　도쿄에서, 부산에서</td></tr>
<tr><td>時間・順序に続いて</td><td colspan="2">부터　한 시부터, 아침부터</td></tr>
<tr><td>人・動物に続いて</td><td colspan="2">에게서, 한테서　친구에게서, 친구한테서</td></tr>
<tr><td>まで</td><td>場所・時間</td><td colspan="2">까지　도쿄까지, 한 시까지</td></tr>
<tr><td rowspan="2">と</td><td></td><td>와　여기와</td><td>과　이것과</td></tr>
<tr><td></td><td colspan="2">하고　여기하고, 이것하고</td></tr>
<tr><td>の</td><td></td><td colspan="2">의　여기의, 이것의</td></tr>
</table>

韓国朝鮮語初級テキスト

ことばの架け橋

말의 가교

精選版

生越直樹・三ツ井崇・チョ・ヒチョル 著

白帝社

……はじめに……

最初の版が出版されてから10年後に改訂版が刊行され，さらに10年が経過しようとしている。この10年間の間に，韓国朝鮮語は多くの大学において第二外国語の中で上位の履修者数を獲得するようになった。学習の動機も，韓国の音楽やドラマに関心がある，韓国の文化に関心があるという積極的な動機の人が増えている（文化に対する関心の高まりについては，73ページのコラムで簡単にまとめたのでそちらも合わせてお読みいただきたい)。日本の韓国朝鮮語学習は新たなステージに入っていると言えるだろう。

そのように韓国朝鮮語学習が盛んになった一方で，第二外国語の学習環境自体は厳しくなっている。以前は大学２年生まで学習していたのが，１年生だけになったり，授業コマ数が減ったりした大学が増えている。東京大学でも外国語の学習時間数が減ったため，「改訂版」を1年間で終えることが難しくなった。そのため，より少ない時間で基本的な事項を学習できるように，テキストの内容を変更することにした。編者として三ツ井崇が加わり，2014年から三ツ井を中心として内容の検討作業を行ってきた。試用版を３度制作し，実際に東京大学で使用して内容を調整した結果，今回「精選版」を正式に刊行することとなった。

「精選版」も従来と同じく1年間で基本的な表現を学習できることを目標としている。1冊で連体形，変則用言，主要な接続語尾や文末語尾まで学習できる点は「改訂版」と同じでありながら，学習項目を精選し，より短い時間で基本的な表現を学習できるようにした点が，「精選版」の特徴である。学習項目の数やその提出順の変更により，会話や練習問題に変更を加えたほか，「改訂版」にあった表現練習，総合練習，付録の文章などをなくした。その結果，「改訂版」に比べて，全体のページ数が３分の２程度になっている。また，「精選版」では，昨今のメディア環境の変化に対応し，スマートフォン・タブレット，携帯型オーディオプレーヤーなどで音声が聴けるように，CDの添付に代わり，MP３ファイルで音源をダウンロードできるほか，QRコードによって課ごとにストリーミング再生ができるようにした。限られた時間の中でも韓国朝鮮語をしっかりと学習したい皆さんにとって，このテキストが少しでも役立つことを願っている。

「精選版」の編集において，多くの方たちのお世話になった。試用版を使った東大の学生諸君からは様々な意見・提案をもらった。東京大学の同僚である月脚達彦，崔泰源，池玟京の各先生，同僚であった金亨貞先生，非常勤講師の伊藤英人先生，齊藤良子先生から有益なご意見・アイデアをいただいた。特に崔泰源，池玟京の両先生には，内容を細かくチェックしていただいた。例文，練習問題の検討・作成などでは，李在鎬さん，全相律さんの協力も得たほか，長岡理恵さんには楽しいイラストを描いていただいた。単語の索引リストの作成では，原口結衣さんが自作の単語リストを提供してくれた。初版から担当していただいている白帝社の伊佐順子さんには，改訂版の時と同じように，辛抱強く待っていただいた上，いろいろと有益なアドバイスをいただいた。テキスト刊行にご協力いただいた皆様に改めて感謝申し上げたい。

2020年　春

著者一同

2刷刊行に際して

この間，東京大学の必修科目の韓国朝鮮語の授業を担当してくださった河崎啓剛（東京大学），齊藤良子（国士舘大学），新井保裕（文京学院大学）の各先生から，内容に関するさまざまなご意見，ご指摘をいただいた。深く感謝申し上げたい。今回，各先生方の指摘を参考にしつつ，誤植や表記の揺れの修正ほか，説明不足な部分も若干補った。まだ，不十分な点もあろうかと思うが，このテキストが韓国朝鮮語を学ぼうとする方々に少しでも役立てば幸いである。

2021年　春

著者一同

目 次

第10課 連体形 ①

第11課 連体形 ②, 推量, 不可能, 希望

第16課 으/르/러変則用言 122

WEB上での音声無料ダウンロードサービスと ストリーミング再生サービスについて

『ことばの架け橋　精選版』の音声ファイル（MP3）を無料でダウンロードできます。

「白帝社　ことばの架け橋　精選版」で検索，または下記サイトにアクセスしてください。

http://www.hakuteisha.co.jp/news/n34019.html

・スマートフォンからアクセスする場合は上のQRコードを読み取ってください。

▶本文中の マークの箇所が音声ファイル（MP3）提供箇所です。

ファイルはZIP形式で圧縮された形でダウンロードされます。

ファイルは「すべて」と「各課」ごとに選んでダウンロードすることができます。

※パソコンやスマートフォン（別途解凍アプリが必要）などにダウンロードしてご利用ください。

ご使用機器，音声再生ソフトに関する技術的なご質問は，各メーカーにお問い合わせください。

＊

▶「各課」の最初のページにあるQRコードをスキャンすれば，該当課の音声をストリーミング再生できます。

ダウンロードは不要です。

第 10 課

連体形 ①

MP3ファイル提供箇所

第10課のQRコード

10-01

会話本文

‖インターネット上で，音楽サイトを見ながら‖

1 소라 : 요즘 이 노래가 유행하고 있어요.

2 다로 : 처음 듣는 노래네요. 노래 제목이 뭐예요?

3 소라 : “광화문 연가” 예요. 옛날에도 인기가 있던 노래예요.

ナレーター　生越直樹・李泓馥・李美現

※本テキストと音声は著作権法で保護されています。

韓国朝鮮語初級テキスト

ことばの架け橋

말의 가교

精選版

第 1 課

文字と発音 ①

1-1 韓国朝鮮語の特徴

（1）文法的には日本語と同じ

a. 야마다 씨는 음악을 듣습니까?

b. 山田 さん は 音楽 を 聞き ますか。

（b の日本語は a の韓国朝鮮語を逐語訳。単語一つおきに色を変えました。）

・語順が同じである。助詞がある。

・単数形・複数形の区別，関係代名詞，前置詞などはない。

（2）敬語がある

가니?	갑니까?	가십니까?
行くか。	行きますか。	行かれますか。
〈ぞんざい〉	〈丁寧〉	〈尊敬+丁寧〉

・日本語と同様，丁寧語や尊敬語がある。目上／目下，親しい／親しくないで表現を使い分ける。

（3）固有語と漢字語がある

固有語 하나 　　漢字語 일

ひとつ 　　［一］（いち）

・日本語の和語，漢語の区別と同じ。 　・日本語と共通の漢字語がたくさんある。

・漢字の発音は音読みだけで訓読みはない。大部分の漢字は音読みの読み方も一つだけしかない。

社 = 사 　会 = 회 　員 = 원

sa 　hwe 　wɔn

사회	회사	회원	회사원
sa-hwe	hwe-sa	hwe-wɔn	hwe-sa-wɔn
［社会］	［会社］	［会員］	［会社員］

➡ このテキストでは，日本語と共通する漢字語の場合は，日本語訳に［　］をつける。

(4) 単語には漢字語も多いが，文字はハングルを使い，漢字はほとんど使わない。

・日常生活ではほとんどハングルを使う。漢字語も通常はハングルで表記される。

1-2 ハングルの仕組み

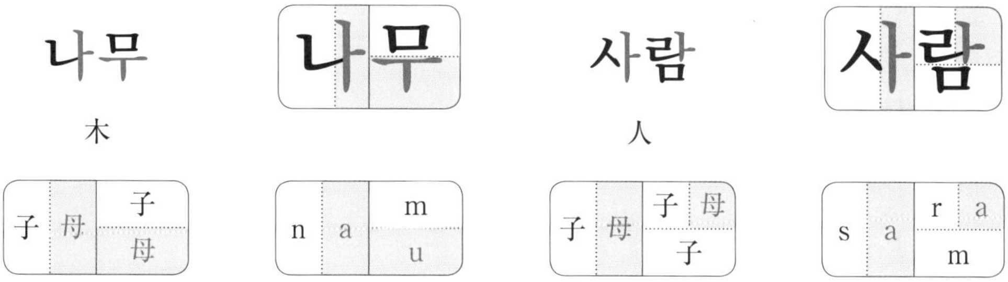

ポイント

・ローマ字と同じく**子音を表す文字**と**母音を表す文字**がある。

・字を**左右**に組み合わせるか，**上下**に組み合わせるかは**母音の種類**による。

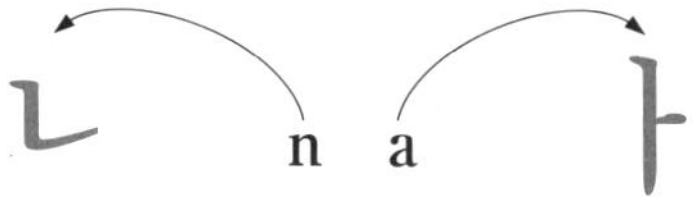

ハングルの成り立ち

朝鮮半島では，長い間漢字・漢文を使って文章を書いていました。15 世紀中頃，自分たちの文字が必要だと考えた朝鮮朝 4 代目の国王世宗（세종セジョン）は，当時の学者たちに命じて新しい文字を作らせ，「訓民正音」という名で公布しました。この文字は 20 世紀になると,「大いなる文字」を意味するハングル（한글）という名前で呼ばれるようになりました。

ハングルは，発音が似ている音は文字の形も似るようにした点，発音するときの音声器官（口や舌など）の形をもとに文字を作った点など，非常に科学的な文字だとされています。

01-01

1-3 母音（1）

ㅏ	[a]	アとほぼ同じ	ㅓ	[ɔ]	口を大きく開けてオ
ㅗ	[o]	唇を突き出してオ	ㅜ	[u]	唇を突き出してウ
ㅡ	[ɯ]	口を横に広げてウ	ㅣ	[i]	イとほぼ同じ
ㅐ	[ɛ]([e]*)	口を広げてエ	ㅔ	[e]	エとほぼ同じ

＊ㅐは実際にはㅔと同じ音で発音されることが多い。

ㅇ　[なし] 母音を書くとき，左または上に書き添える文字

注意

（1）筆順は，左→右，上→下の順が基本。

（2）母音だけの音をあらわす場合は，左または上に「ㅇ」をつけて書く。

ポイント

左右の아어（口を広げる），上下の오우（唇を突き出す），縦横の으이（口を横に広げる）は似た口の形。

■練習1■　次の母音を発音しながら書いてみよう。

① 아　아 아　　　② 어　어 어

③ 오　오 오　　　④ 우　우 우

⑤ 으　으 으　　　⑥ 이　이 이

⑦ 애　애 애　　　⑧ 에　에 에

01-02

1-4 母音（2）　ヤ行系の重母音

ㅑ	[ja]	ヤとほぼ同じ	ㅕ	[jɔ]	口を大きく開いてヨ
ㅛ	[jo]	唇を突き出してヨ	ㅠ	[ju]	唇を突き出してユ
ㅒ	[jɛ]（[je]）	口を広げてイェ	ㅖ	[je]	イェとほぼ同じ

注意 ㅒとㅖは子音が「ㄴ，ㅅ，ㅇ」のとき以外は，すべて［ɛ］/［e］で発音されることが多い。（子音の発音は 1-5 参照）

개［kjɛ/kɛ］ 혜［hje/he］ cf. 예［je］

■**練習2**■　次の母音を発音しながら書いてみよう。

① 야　야　야　　② 여　여　여

③ 요　요　요　　④ 유　유　유

⑤ 애　애　애　　⑥ 예　예　예

■**練習3**■　次の単語を発音しながら書いてみよう。

① 아이 子供　② 오이 きゅうり　③ 우유［牛乳］

④ 여우 きつね　⑤ 이유［理由］　⑥ 예 はい

01-03

1-5 子音（1）　平音

ㄱ	[k/g]	カ行（ガ行＊）	ㄴ	[n]	ナ行
ㄷ	[t/d]	タ行（ダ行）	ㄹ	[r]	ラ行
ㅁ	[m]	マ行	ㅂ	[p/b]	パ行（バ行）
ㅅ	[s/ʃ]	サ行	ㅈ	[tʃ/dʒ]	チャ行（ジャ（ヂャ）行）
ㅎ	[h]	ハ行			

＊（　）内の音については，1-6 で学習する。

注意

(1)「ㄷ」の場合,「디」は「チ」ではなく「ティ」と発音,「댜」も「チャ」ではなく「ティャ」のような発音になる。

두 [tu]　드 [tɯ]　디 [ti]　댜 [tja]　뎌 [tjɔ]　됴 [tjo]　듀 [tju]

(2)「ㅅ」の場合,次の発音は [ʃ]（日本語「シャシュショ」の系列の発音）になる。つまり,「시」は日本語の「シ」と同じ発音。

시 [ʃi]　샤 [ʃa]　셔 [ʃɔ]　쇼 [ʃo]　슈 [ʃu]

ポイント

子音は左か上に書く。四角の中にバランスよく書くこと。

■ 練習4 ■　子音字と母音字を組み合わせて発音し,また書いてみよう。

	ㅏ	ㅐ	ㅑ	ㅒ	ㅓ	ㅔ	ㅕ	ㅖ	ㅗ	ㅛ	ㅜ	ㅠ	ㅡ	ㅣ
ㄱ	가													
ㄴ														
ㄷ														
ㄹ														
ㅁ														
ㅂ														
ㅅ														
ㅇ														
ㅈ														
ㅎ														

■ **練習5** ■　次の単語を発音しながら書いてみよう。

① 가수［歌手］　② 다리 脚　③ 어머니 母　④ 버스 バス

⑤ 허리 腰　⑥ 교류［交流］　⑦ 주유소 ガソリンスタンド

⑧ 그래요 そうです（か）　⑨ 메아리 山びこ　⑩ 제사［祭祀］

01-04

1-6 有声音化（1）

子音ㄱㄷㅂㅈは使われる位置によって発音が違う。

- 語頭（単語の始め）→ ㄱ［k］（カ行），ㄷ［t］（タ行），ㅂ［p］（パ行），ㅈ［tʃ］（チャ行）と発音（無声音）
- 語中（単語の始め以外）→ ㄱ［g］（ガ行），ㄷ［d］（ダ行），ㅂ［b］（バ行），ㅈ［dʒ］（ジャ（ヂャ）行）と発音（有声音）

ㄱ［k/g］
- 기여［寄与］ ［ki］
- 여기 ここ ［gi］

ㄷ［t/d］
- 도로［道路］ ［to］
- 수도［水道］ ［do］

ㅂ［p/b］
- 비료［肥料］ ［pi］
- 나비 蝶 ［bi］

ㅈ［tʃ/dʒ］
- 자유［自由］ ［tʃa］
- 모자［帽子］ ［dʒa］

■ **練習6** ■　次の単語を発音しながら書いてみよう。

① 지구［地球］　② 바다 海　③ 어디 どこ

④ 아버지 お父さん　⑤ 어제 きのう　⑥ 저고리 チョゴリ

01-05

1-7 子音（2） 激音

ㅋ	[k^{h}]	息を強く出してカ行	ㅌ	[t^{h}]	息を強く出してタ行
ㅍ	[p^{h}]	息を強く出してパ行	ㅊ	[tʃ^{h}]	息を強く出してチャ行

ポイント

激音はろうそくの火を吹き消すつもりで。激音は有声音化しない。語頭でも語中でも同じ音。

注意

「ㅌ」の場合，「ㄷ」の場合と同じく「티」は「チ」ではなく「ティ」と発音，「탸」も「チャ」ではなく「ティャ」のような発音になる。

투 [t^{h}u]　트 [t^{h}ɯ]　티 [t^{h}i]　탸 [t^{h}ja]　텨 [t^{h}jɔ]　툐 [t^{h}jo]　튜 [t^{h}ju]

■練習7■　子音字と母音字を組み合わせて発音し，また書いてみよう。

	ㅏ	ㅐ	ㅑ	ㅒ	ㅓ	ㅔ	ㅕ	ㅖ	ㅗ	ㅛ	ㅜ	ㅠ	ㅡ	ㅣ
ㅊ														
ㅋ														
ㅌ														
ㅍ														

■練習8■　次の単語を発音しながら書いてみよう。

① 커피 コーヒー　② 고추 唐辛子　③ 우표 切手

④ 투수 ［投手］　⑤ 스키 スキー　⑥ 치마 チマ，スカート

01-06

1-8 練習問題

1. 聞き取り練習 文字をいくつか発音します。①～④の（　　）の部分を埋めなさい。

① 아（　　）（　　）에　　② （　　）우（　　）이

③ 나（　　）（　　）하　　④ 모（　　）（　　）（　　）

2. 聞き取り練習 発音したのは次の2つのうちどちらですか。

① 우아　으아　　② 여이　요이　　③ 아예　아에

④ 메루녀시　메르뇨시　　⑤ 나서미호　나소미허　　⑥ 가토재포　카더체버

3. 次のハングルを発音してみなさい。（日本の地名です。）

① 야마나시　　② 후쿠이　　③ 가고시마　　④ 오카야마

01-07

1-9 あいさつ（1）

今の時点では，文字は気にせず，先生の発音を聞いて，音で覚えよう。

① 안녕하십니까?	こんにちは（おはようございます，こんばんは）。
② 안녕하세요?	こんにちは（おはようございます，こんばんは）。
③ 야마다입니다.	山田です。
④ 반갑습니다.	（お会いできて）うれしいです。
⑤ 여보세요.	もしもし。
⑥ 저기요.	すみません。（注文などで呼びかけるときに使う）

あいさつのときの身振り

日本では，あいさつするときにお辞儀をします。韓国でもお辞儀をしますが，お辞儀をするのは1回で，日本のようにあいさつしながら何度も頭を下げることはありません。韓国では男の人同士では，握手をよくします。目上の人と握手するときには，両手でするか，左手を右手の肘のところや脇の下にあてながら握手をします。目上の人に対しては握手すると同時にお辞儀もします。

第 2 課

文字と発音 ②

02-01

2-1 母音（3） ワ行系の重母音

ㅘ [wa] ㅗ+ㅏ 唇を突き出して「ワ」。

ㅙ [wɛ]([we]) ㅗ+ㅐ 唇を突き出して「ウェ」。

ㅚ [we] 「ㅞ」と同じように「ウェ」。

ㅝ [wɔ] ㅜ+ㅓ 唇を突き出して「ウォ」。

ㅞ [we] ㅜ+ㅔ 唇を突き出して「ウェ」。

ㅟ [wi] ㅜ+ㅣ 唇を突き出して「ウィ」。

ㅢ [ɯi/i] ㅡ+ㅣ 最初「ㅡ」を発音してすぐに「ㅣ」を発音。

注意

（1） ㅙは実際にはㅞと発音されることが多い。

（2） ㅟの発音 … 쉬の子音の発音はシャシュショの子音［ʃ］で発音する。

（3） ㅢの発音 … ［ɯi］と発音されるのは単語が母音의で始まるときのみ。
それ以外のとき（子音と一緒になった場合や母音의が語中にある場合）は［i］と発音される。

例：의자［椅子］，희다 白い，주의［注意］
［ɯi］ ［hi］ ［i］

ポイント

子音は左上，ㅏとㅐにはㅗを付ける。間違ってㅜを書く人が多いので要注意。

■ **練習1** ■　次の文字を発音しながら書いてみよう。

① 와왜워웨 ＿＿＿＿＿＿　② 외위의 ＿＿＿＿＿＿

③ 과돼쉐춰 ＿＿＿＿＿＿　④ 뵈귀 ＿＿＿＿＿＿

■ **練習2** ■　次の単語を発音しながら書いてみよう。

① 사과 りんご　② 돼지 豚　③ 뭐 何

④ 궤도 ［軌道］　⑤ 회사 ［会社］　⑥ 뒤 後ろ

⑦ 의사 ［医師］　⑧ 회의 ［会議］

02-02

2-2　子音（3）　濃音

ㄲ ［ˀk］ **ㄸ** ［ˀt］ **ㅃ** ［ˀp］ **ㅆ** ［ˀs］ **ㅉ** ［ˀtʃ］

カ行，タ行，パ行，サ行，チャ行の子音を，のどを詰めるようにして発音

ポイント

濃音を発音するとき、息を強く出さない。平音のㄱㄷㅂㅅㅈより息が出ない。濃音は語頭でも語中でも同じ音。

▶ **平音，激音，濃音**

平音	가	다	바	사	지
激音	카	타	파		차
濃音	까	따	빠	싸	짜

■ **練習3** ■　次の文字を発音しながら書いてみよう。

① 까꼬껴떠뿌쓰씨째 ＿＿＿＿＿＿＿＿＿＿

② 가카까 ＿＿＿＿　③ 다타따 ＿＿＿＿　④ 바파빠 ＿＿＿＿

⑤ 사싸 ＿＿＿＿　⑥ 자차짜 ＿＿＿＿

■ **練習4** ■　次の単語を発音しながら書いてみよう。

① 어깨 肩　② 때 時　③ 뿌리 根

④ 비싸다（値段が）高い　⑤ 찌개 チゲ（料理名）

ポイント

次の順番を覚えよう。辞書ではこの順番に単語が並んでいる。➡ 巻末「辞書の使い方」参照

子音　ㄱ(ㄲ) ㄴ ㄷ(ㄸ) ㄹ ㅁ ㅂ(ㅃ) ㅅ(ㅆ) ㅇ ㅈ(ㅉ) ㅊ ㅋ ㅌ ㅍ ㅎ
（母音のㅏをつけて順に発音してみよう）

母音　ㅏ ㅐ ㅑ ㅒ ㅓ ㅔ ㅕ ㅖ ㅗ ㅘ ㅙ ㅚ ㅛ ㅜ ㅝ ㅞ ㅟ ㅠ ㅡ ㅢ ㅣ

02-03

2-3 終声（1）

▶ 音節の仕組み

*終声の位置に来る子音字を「パッチム」ということがある。

ㄴ	[n]	舌先を歯茎の裏につけて鼻から声を抜く
ㄹ	[l]	舌先の裏を上あごにつけてその両脇から声を抜く
ㅁ	[m]	口を閉じて鼻から声を抜く
ㅇ	[ŋ]	舌先をどこにもつけず，口も閉じないで「ン」

ポイント

初声のㅇは音なしだが，終声のㅇは音がある。初声のㄹ [r] と終声のㄹ [l] は発音の仕方が違う。

■ **練習5** ■　次の文字を発音しながら書いてみよう。

① 간갈감강

② 논덜좀싱권황틀

■ **練習6** ■　次の単語を発音しながら書いてみよう。

① 산 ［山］　② 서울 ソウル　③ 김치 キムチ

④ 사랑 愛　⑤ 선생님 先生　⑥ 노래방 カラオケルーム

2-4　有声音化（2）

02-04

子音ㄱㄷㅂㅈは，母音の他に終声ㄴㄹㅁㅇのあとでも有声音化する（濁って発音される）。

■ **練習7** ■　次の単語を発音しながら書いてみよう。

① 일본 ［日本］　② 한글 ハングル　③ 감동 ［感動］

④ 단발머리 おかっぱ頭　⑤ 남자 男，男性

2-5　終声（2）

02-05

ㄱ	[^{k}]	ㄱの構えだけして止める	ㄷ	[^{t}]	ㄷの構えだけして止める
ㅂ	[^{p}]	ㅂの構えだけして止める			

ポイント

終声のㄱㄷㅂは口の構えだけで息を出さない。

▶ 他の文字が終声になっているときの発音（終声規則）

以下のように，ㄱㄷㅂ以外の文字が終声として表記されていても，発音は終声ㄱ，ㄷ，ㅂの発音になる。

・ㄱ，ㅋ，ㄲ → ㄱと発音　〈表記〉각, 갘, 갂 →〈発音〉각

・ㄷ，ㅌ，ㅅ，ㅆ，ㅈ，ㅊ，ㅎ → ㄷと発音

〈表記〉갇, 같, 갓, 갔, 갖, 갗, 갛 →〈発音〉갇

・ㅂ，ㅍ → ㅂと発音　〈表記〉갑, 갚 →〈発音〉갑

■ 練習8 ■　次の文字を発音しながら書いてみよう。

① 각갇갑 ＿＿＿＿　② 독민섭춥곽 ＿＿＿＿

■ 練習9 ■　次の単語を発音しながら書いてみよう。

① 밖 外　② 옷 服　③ 빗 くし　④ 빛 光　⑤ 빚 借金

⑥ 수업［授業］　⑦ 한국［韓国］　⑧ 받침 終声，パッチム

02-06

2-6 濃音化

終声ㄱㄷㅂの発音のあとにㄱㄷㅂㅅㅈが来るときは，ㄱㄷㅂㅅㅈは濃音化して［ˀk］［ˀt］［ˀp］［ˀs/ˀʃ］［ˀtʃ］と発音される。

	ㄱ	ㄷ	ㅂ	ㅈ	ㅅ
単語の始め（語頭）	[k]	[t]	[p]	[tʃ]	[s/ʃ]
母音，終声ㄴㄹㅁㅇの後	[g]	[d]	[b]	[dʒ]	[s/ʃ]
終声発音ㄱㄷㅂの後	[ˀk]	[ˀt]	[ˀp]	[ˀtʃ]	[ˀs/ˀʃ]

例：구두 靴　　도구［道具］　　축구 サッカー

［kudu］　　［togu］　　［tʃu^{kˀ}ku］

■ 練習10 ■　次の単語を発音しながら書いてみよう。

① 학교［学校］＿＿＿＿　② 접시 皿 ＿＿＿＿　③ 있다 ある・いる ＿＿＿＿

④ 숟가락 スプーン ＿＿＿＿　⑤ 젓가락 箸 ＿＿＿＿　⑥ 맥주 ビール ＿＿＿＿

02-07

2-7 連音化

終声の後に母音が続くときは，終声の子音と次の母音が一緒に発音される。これを連音化と言う。

(1) 連音化するとき，子音は初声の音で発音する。（基本）

〈表記〉			〈発音〉	
단어	단 + 어	→	다너	発音通りに書くと
［単語］	tan ɔ		ta–nɔ	
발음	발 + 음	→	바름	初声ㄹの音で発音する
［発音］	pal ɯm		pa–rɯm	
옷에	옷 + 에	→	오세	
服に	ot e		o–se	

(2) 終声の文字がㄱ，ㄷ，ㅂ，ㅈのときは，ㄱ，ㄷ，ㅂ，ㅈが有声音化する。

〈表記〉			〈発音〉
국어	국 + 어	→	구거
［国語］	ku^{k} ɔ		ku–gɔ
낮에	낮 + 에	→	나제
昼に	nat e		na–dʒe

(3) 終声の文字がㅇのときは，[ŋ] と母音が結合し弱い鼻濁音のようになる。

종이 tʃoŋ–i 紙

(4) 終声の文字がㅎのときは，ㅎが無音化する。

〈表記〉			〈発音〉
좋은	좋 + 은	→	조은
よい	tʃo^{t} ɯn		tʃo–ɯn

■練習11■ 次の単語を発音してみよう。

① 번역［翻訳］　② 일요일［日曜日］　③ 음악［音楽］

④ 한국어［韓国語］　⑤ 이것은 これは　⑥ 십이［十二］

⑦ 있어요 あります・います　⑧ 꽃이 花が　⑨ 생일 誕生日

⑩ 잊어버리다 忘れる

2-8 日本語音の表記 ➡巻末「仮名とハングルの対応表」参照

・あ 아　い 이　う 우 (す 스, つ 쓰)　え 에　お 오

・語中の濁音は平音，清音は激音で書く。←よく間違うので注意

やまだ 야마다　たなか 다나카

・長音は書いても書かなくてもどちらでもよい。　さとう 사토(사토오)

・「つ，ざ，ず，ぜ，ぞ」や語頭の濁音は表記できないので近い音をあてる。

すずき 스즈키　どい 도이

・撥音「ん」は終声 ㄴ をあてる。　きんだいち 긴다이치

・促音「っ」は終声 ㅅ をあてる。　はっとり 핫토리*

*「っ」の後のカ行，タ行，パ行，チャ行は激音で書く。

■練習12■ 次の名前･地名と自分の名前をハングルで書いてみよう。

① 石田 ＿＿＿＿＿＿　② 山形 ＿＿＿＿＿＿

③ 神奈川 ＿＿＿＿＿＿　④ 神田 ＿＿＿＿＿＿

⑤ 札幌 ＿＿＿＿＿＿　⑥ 京都 ＿＿＿＿＿＿

⑦ 自分の名前 ＿＿＿＿＿＿＿＿＿＿

⑧ 最寄りの駅の名前 ＿＿＿＿＿＿＿＿＿＿

02-08

2-9 練習問題

1. 聞き取り練習 a～cのどの順番で発音したかを聞き取りなさい。

① a. 가 까 카　b. 카 가 까　c. 까 카 가

② a. 더 떠 터　b. 터 더 떠　c. 떠 터 더

③ a. 지 찌 치　b. 치 지 찌　c. 찌 치 지

2. 聞き取り練習 発音したのはａｂ，あるいはａ～ｃのうちどれですか。

① a. 고기 肉　b. 거기 そこ

② a. 다르다 違っている　b. 따르다 従う

③ a. 자다 寝る　　b. 차다 冷たい　　c. 짜다 塩辛い

④ a. 추위 寒さ　　b. 주의 [注意]

3. **聞き取り練習** 発音したのは次のうちどれですか。

① a. 박을　b. 밖을　　② a. 낮이　b. 낯이

③ a. 사랑은　b. 사람은　　④ a. 사전이　b. 사정이

02-09

2-10 あいさつ(2)

① 안녕히 계세요.　さようなら。(その場に残る人に対して)

② 안녕히 가세요.　さようなら。(去っていく人に対して)

③ 감사합니다.　ありがとうございます。

④ 미안합니다.　すみません。(謝るとき)

⑤ 괜찮아요.*　大丈夫です。心配いりません。

* [괜차나요] と発音する。

「さようなら」は二つある。

①の안녕히 계세요は「元気にいてください」, ②の안녕히 가세요は「元気でお行きなさい」という意味で, 発音は계と가のところだけが違う。

- ・去っていく人がその場に残る人に対して　→ 안녕히 계세요.
- ・残る人が去っていく人に対して　→ 안녕히 가세요.
- ・二人ともその場を去るときには、どちらも　→ 안녕히 가세요.

第 3 課

～です，～ますの表現 ① (합니다体)

03-01

会話本文

1 다로 : 처음 뵙겠습니다.
저는 나카타 다로입니다.

2 유리 : 안녕하세요? 저는 김유리입니다.
한국 유학생입니다.

3 다로 : 유리 씨는 집이 어디에 있습니까?

4 유리 : 우리 집은 학교 근처에 있습니다.
다로 씨는 어디에 삽니까?

5 다로 : 저는 요코하마에 삽니다.

03-02

● 発音で注意する部分 ●

1 뵙겠습니다 ➡ 뵙께씀니다　　입니다 ➡ 임니다

2 한국 유학생 ➡ 한궁뉴학쌩　➡ 巻末「発音のまとめ」参照

3 집이 ➡ 지비　　있습니까* ➡ 이씀니까
＊終声ㄷとㅅの組み合わせでは，ㄷが消えㅅが濃音化する。

4 학교 ➡ 학꾜　　있습니다 ➡ 이씀니다
삽니까 ➡ 삼니까

● 単語・語句 ●

1 ◆처음 뵙겠습니다. 初めまして。 ◆저 わたくし，わたし（謙譲語）
◆는 ～は（助詞）〔cf. 은〕 ◆나카타 다로 中田太郎（人名） ◆이다 ～だ
◆ㅂ니다 ～です，～ます〔cf. 습니다〕

2 ◆안녕하세요? こんにちは（おはようございます，こんばんは）
◆김유리 キム・ユリ（人名） ◆한국［韓国］，大韓民国 ◆유학생［留学生］

3 ◆씨［氏］，～さん（目上の人には使わない） ◆집 家
◆이 ～が（助詞）〔cf. 가〕 ◆어디 どこ ◆에 ～に（助詞）
◆있다 ある ◆습니까 ～ですか，～ますか〔cf. ㅂ니까〕

4 ◆우리 わたしの，わたしたちの ◆은 ～は（助詞）〔cf. 는〕 ◆학교［学校］
◆근처 近所 ◆습니다 ～です，～ます〔cf. ㅂ니다〕 ◆살다〈ㄹ語幹〉住む
◆ㅂ니까 ～ですか，～ますか〔cf. 습니까〕

5 ◆요코하마 横浜（地名）

03-03

3-1 発音規則（1） 鼻音化（1）

終声で［k］［t］［p］と発音する文字の後に初声の「ㄴ」「ㅁ」が続くとき，終声［k］［t］［p］の発音がそれぞれ終声の「ㅇ」「ㄴ」「ㅁ」に変わる。

終声		初声		終声		初声
［k］（ㄱ ㅋなど）	+	ㄴ	→	ㅇ	+	ㄴ
［t］（ㄷ ㅅ ㅈなど）				ㄴ		
［p］（ㅂ ㅍなど）		ㅁ		ㅁ		ㅁ

〈表記〉 〈発音〉

例 작년（［昨年］）→ 장년　옛날（昔）→ 옌날　입니다（です）→ 임니다
국민（［国民］）→ 궁민　낱말（単語）→ 난말　앞문（前［門］）→ 암문

■**練習1**■ 次の語句を発音してみよう。

① 학년［学年］　② 끝나다 終わる　③ 앞날 将来
④ 한국말［韓国］語　⑤ 빗물 雨水　⑥ 십만［十万］

3-2 用言の基本形と語幹

動詞・形容詞など，用言の基本形（辞書形）はすべて～다の形である。語尾の다を除いた部分を語幹と言う。語幹の最後が母音で終わる（終声なし）の場合を母音語幹，子音で終わる（終声あり）場合を子音語幹，子音語幹のうち終声がㄹのものをㄹ（リウル）語幹と言う。

하다（する）＝ 하 ＋ 다
基本形　母音語幹　語尾

먹다（食べる）＝ 먹 ＋ 다
基本形　子音語幹　語尾

살다（住む）＝ 살 ＋ 다
基本形　ㄹ語幹　語尾

▶用言の種類
動　詞 → 가다（行く），먹다（食べる），공부하다（勉強する）など
形容詞 → 바쁘다（忙しい），덥다（暑い），조용하다（静かだ）など
存在詞 → 있다（ある・いる），없다（ない・いない），계시다（いらっしゃる）
指定詞* → 이다（～だ）　＊名詞＋이다の形で使われる。（→ 3-4）
아니다（～でない）　＊第5課で学習（→ 5-3）

3-3 합니다体（1）　動詞・存在詞・形容詞　～です（か），～ます（か）

03-04

합니다体は丁寧な文末表現で，日本語では「～です（か），～ます（か）」にあたる。ㄹ語幹の用言では，語幹末の終声ㄹが脱落するので注意する。

	母音語幹	ㄹ語幹	子音語幹
叙述形（～です，ます）	語幹＋ㅂ니다	語幹（ㄹ脱落）＋ㅂ니다	語幹＋습니다
疑問形（～ですか，ますか）	語幹＋ㅂ니까	語幹（ㄹ脱落）＋ㅂ니까	語幹＋습니까

가다 行く　가（母音語幹）＋ ㅂ니다，ㅂ니까 → 갑니다 行きます　갑니까 行きますか

살다 住む　사（ㄹ語幹（ㄹ脱落））＋ ㅂ니다，ㅂ니까 → 삽니다 住みます　삽니까 住みますか

먹다 食べる　먹（子音語幹）＋ 습니다，습니까 → 먹습니다 食べます　먹습니까 食べますか

■ **練習2** ■ 母音語幹，ㄹ語幹，子音語幹の区別に気をつけながら，①～④の語句を합니다体の叙述形・疑問形にそれぞれ変えてみよう。

① 사다 買う　② 입다 着る　③ 있다 ある，いる　④ 길다 長い

■ **練習3** ■ 次の語句を基本形に戻してみよう。 ➡ 巻末「辞書の使い方」参照

① 받습니다 (　　　) ② 납니다 (　　　) 母音語幹とㄹ語幹

③ 봅니까 (　　　) 母音語幹のみ ④ 놉니다 (　　　) ㄹ語幹のみ

03-05

3-4 합니다体 (2) 指定詞 ～です (か)

指定詞 이다は、名詞について「～だ」の意味を表す。指定詞文(名詞+이다)の합니다体は，이다が母音語幹なので，ㅂ니다，ㅂ니까がつく。

叙述形	疑問形
名詞＋입니다.　～です	名詞＋입니까?　～ですか

시계이다 [時計]だ　시계입니다. / 시계입니까?*
　時計です。　時計ですか。

책이다 本だ　책입니다. / 책입니까?
　本です。　本ですか。 連音化する

＊母音終わりの名詞につく場合は，「이」を省略して発音されることがある。

■ **練習4** ■ (　　) 内に①～③の名前を入れて言ってみよう。

A : (　　　　) 씨입니까?　B : 네, (　　　　)입니다.

① 야마다 山田　② 이성미 イ・ソンミ　③ 박창섭 パク・チャンソプ

➡ 連音化に注意。

03-06

3-5 助詞 (1) ～가/이 ～が ; ～는/은 ～は

韓国朝鮮語にも日本語と同じように助詞があり，使い方もよく似ている。ただし，前の言葉が母音終わりか子音終わりかによって形が違う場合があるので注意。

	母音（終声なし）終わりの名詞	子音（終声あり）終わりの名詞
～が	～가	～이
～は	～는	～은

1 ～가/이　～が

다로 + 가　다로가 옵니다.
母音終わり
太郎　が　太郎が来ます。

우체국 + 이　우체국이 있습니다.
子音終わり　➡ 連音化に注意。
郵便局　が　郵便局があります。

■ 練習5 ■　a, bに語句を入れて, 文を完成させよう。

(　a　)가/이 (　b　)ㅂ니다/습니다.

① a. 공원［公園］　b. 있다 ある　② a. 다나카 씨 田中さん　b. 오다 来る

③ a. 머리 髪　b. 길다 長い

2 ～는/은　～は

저 + 는　저는 다카하시입니다.
母音終わり
私　は　私は高橋です。

병원 + 은　병원은 어디입니까?
子音終わり　➡ 連音化に注意。
病院　は　病院はどこですか。

■ 練習6 ■　a, bに語句を入れて, 文を完成させよう。

(　a　)는/은 (　b　)ㅂ니까/습니까?

① a. 식당［食堂］　b. 어디이다 どこだ　② a. 여름 夏　b. 덥다 暑い

③ a. 학교［学校］　b. 멀다 遠い

03-07

3-6 助詞 (2)　～에　～に, ～へ

日本語の「～に, へ」にあたる助詞で, 形は一つだけ。

학교 옆에 있습니다.　学校の隣にあります。

➡ 連音化に注意。

➡ 位置に関係することば（앞(前), 옆(横) など）の前には「の」にあたることばを入れない。

오늘 도쿄에 갑니다.
今日, 東京に（へ）行きます。

금요일에 만납니까?
金曜日に会いますか。

■ **練習7** ■　a, b, cに①〜②の語句を入れて言ってみよう。

A：이* 근처에 (　a　)가/이 있습니까?　　*指示詞は 4-2 でまとめて学ぶ。
この 近所

B：(　a　)는/은 (　b　) (　c　)에 있습니다.

① a. 편의점 コンビニエンスストア　　b. 이 극장 この映画館　　c. 안 中

② a. 교회 ［教会］　　b. 저 병원 あの ［病院］　　c. 앞 前

■ **練習8** ■　a, b, cに①②の語句を入れて会話を完成させよう。

A：(　a　)에 (　b　)ㅂ니까/습니까?

B：(　c　)에 (　b　)ㅂ니다/습니다.

① a. 어디 どこ　　b. 가다 行く　　c. 백화점 デパート

② a. 오사카 大阪　　b. 살다 住む　　c. 아니요, 교토 いいえ，京都

■ **作文練習** ■　次の日本語を訳しなさい。

① あそこ（저기）に薬局（약국）があります。

② 「故郷（고향）はどこ（어디）ですか。」「<自分の故郷>です。」

③ 「これ（이것）は何（무엇）ですか。」

「ビビンバ（비빔밥*）です。」　*비빔밥は［비빔빱］と発音する。

④ 前田さんは名古屋に住んでいます。

⑤ 今日（오늘）はとても（아주）寒いです。（ 寒い 춥다 ）

⑥ 土曜日（토요일）に書店に行きます。

03-08

語彙を増やそう（1） いろいろな場所

공원 ［公園］, 극장 映画館・［劇場］, 대학 ［大学］, 백화점 ［百貨店］・デパート,
［배콰점］（➡ 4-1）

병원 ［病院］, 서점 ［書店］, 슈퍼마켓 スーパーマーケット, 시장 ［市場］, 식당 ［食堂］, 아파트 マンション, 약국 ［薬局］, 역 ［駅］, 우체국 郵便局, 학교 ［学校］, 편의점 コンビニエンスストア, 은행 ［銀行］, 호텔 ホテル

［펴니점］（➡ 2-1）　［으냉］（➡ 6-1）

第 4 課

指示詞，助詞と漢語系数詞

04-01

会話本文

1 유리： 다로 씨, 이 근처에 서점이 있습니까?

2 다로： 네. 백화점 앞에 대형 서점이 있습니다.

3 　　　 서점에서 무슨 책을 삽니까?

4 유리： 역사 책을 삽니다. 리포트를 씁니다.

5 다로： 역사 책은 4(사)*층에 있습니다.

6 　　　 리포트는 언제 냅니까?

7 유리： 25(이십오)*일에 냅니다.

＊通常は数字だけで書くが，発音のために（　　）内にハングルの表記も示しておく。

04-02

● 発音で注意する部分 ●

1 있습니까 ➡ 이씀니까　　2 백화점 ➡ 배콰점

4 역사 ➡ 역싸　　삽니다 ➡ 삼니다　　씁니다 ➡ 씀니다

5 있습니다 ➡ 이씀니다　　6 냅니까 ➡냄니까

7 이십오일에 ➡ 이시보이레　　냅니다 ➡ 냄니다

● 単語・語句 ●

1 ◆이 この〔그 その, 저 あの〕 ◆근처 近所 ◆에 に（助詞）
◆서점［書店］, 本屋 ◆이 ～が（助詞）〔cf. 가〕 ◆있다 ある, いる

2 ◆네 はい ◆백화점 デパート, ［百貨店］ ◆앞（～の）前 ◆대형［大型］

3 ◆에서 ～で（助詞） ◆무슨 何の ◆책 本 ◆을 ～を（助詞）〔cf. 를〕
◆사다 買う

4 ◆역사［歴史］ ◆리포트 レポート ◆를 ～を（助詞）〔cf. 을〕
◆쓰다 書く

5 ◆사［四］ ◆층 ～階（助数詞）

6 ◆언제 いつ ◆내다 出す

7 ◆이십오［二十五］ ◆일 ～［日］（助数詞）

04-03

4-1 発音規則（2） 激音化

終声で $[^{k}]$ $[^{t}]$ $[^{p}]$ と発音する文字の後に初声の「ㅎ」が続くとき, 終声は発音されず, 次の初声が激音の「ㅋ」「ㅌ」「ㅍ」となる。また, 終声「ㅎ」の後に初声「ㄱ」「ㄷ」「ㅈ」が続くときも, 同様の現象が起こる。

❶ 終声 初声 終声 初声

$[^{k}]$（ㄱ ㅋなど）
$[^{t}]$（ㄷ ㅅ ㅈなど） ＋ ㅎ → ナシ ＋ ㅋ ㅌ ㅍ
$[^{p}]$（ㅂ ㅍなど）

축하（お祝い）→ 추카 못하다（できない）→ 모타다

입학（［入学］）→ 이팍

❷ 終声 初声 終声 初声

ㅎ ＋ ㄱㄷㅈ → ナシ ＋ ㅋ ㅌ ㅊ

어떻게（どのように）→ 어떠케 좋다（よい）→ 조타

놓지요（置くでしょう）→ 노치요

・また, 終声 ㅈ に히が続くとき, 以下のような発音になる。

ㅈ ＋ 히 → ナシ ＋ 치 잊히다（忘れられる）→ 이치다

■ **練習1** ■　次の語句を発音してみよう。

① 백화점［百貨店］　② 생각하다 思う，考える　③ 따뜻하다 暖かい

④ 복잡하다［複雑］だ　⑤ 넣다 入れる

04-04

4-2 이, 그, 저　この，その，あの〔指示詞〕

이 この	**그** その	**저** あの	**어느** どの
이것 これ	**그것** それ	**저것** あれ	**어느 것** どれ
여기 ここ	**거기** そこ	**저기** あそこ	**어디** どこ

■ **練習2** ■　a，b，cに①～③のことばを入れて言ってみよう。

A：(　a　)는/은 무엇입니까?　～は何ですか。

B：(　b　)는/은 (　c　)입니다.　～は～です。

① a. 그것 それ　b. 이것 これ　c. 불고기 プルゴギ

② a. 이 요리 この［料理］　b. 그것 それ　c. 삼계탕 サムゲタン（参鶏湯）

③ a. 저 건물 あの［建物］　b. 저것 あれ　c. 도서관［図書館］

04-05

4-3 助詞 (3)　～를/을 ～を；～에서 ～で・から；～도 ～も

1 ～를/을　～を

	母音（終声なし）終わりの名詞	子音（終声あり）終わりの名詞
～を	～를	～을

김치 ＋ 를　김치를 먹습니다.

キムチ 母音終わり を　キムチを食べます。

무엇 ＋ 을　무엇을 합니까?

何 子音終わり を　何をしますか。 ➡ 連音化に注意。

注意

次の動詞の前では를/을を使う。日本語と違うため間違えやすい。

타다 乗る	전철을 탑니다. 電車に乗ります。
만나다 会う	친구를 만납니다. 友達に会います。
좋아하다 好む，好きだ	축구를 좋아합니다. サッカーが好きです。
싫어하다* 嫌う，嫌いだ	당근을 싫어합니다. ニンジンが嫌いです。

＊싫어하다は［시러하다］と発音する（5-1 参照）

■ **練習3** ■　a，bに①～④のことばを入れて言ってみよう。

（　a　）를/을（　b　）ㅂ니다/습니다.

①a. 커피 コーヒー　　b. 마시다 飲む

②a. 음악［音楽］　　b. 듣다 聞く

③a. 그림 絵　　b. 그리다 描く

④a. 버스 バス　　b. 타다 乗る

04-06

2 ～에서　～で〔動作の場所〕；～から〔場所の起点〕

에서は日本語の「で」と「から」両方の意味で使うので，注意する。

학교 ＋ **에서**　　학교에서 공부합니다.
［学校］　で　　学校で勉強します。

서울 ＋ **에서**　　서울에서 옵니다.
ソウル　から　　ソウルから来ます。

■ **練習4** ■　a，b，cに①～④のことばを入れて，言ってみよう。

A：일요일에 무엇을 합니까?　日曜日に何をしますか。

B：（　a　）에서（　b　）를/을（　c　）ㅂ니다/습니다.

①a. 카페 カフェ　　b. 친구 友達　　c. 만나다 会う

②a. 공원［公園］　　b. 사진［写真］　　c. 찍다 撮る

③a. 노래방 カラオケルーム　　b. 노래 歌　　c. 부르다 歌う

④a. 집 家　　b. 한국 음식［韓国］料理　　c. 만들다 作る

➡ ㄹ語幹

04-07

3 ～도　～も

강아지도 있습니까? 子犬もいますか。　　음악도 듣습니까? 音楽も聞きますか。

■練習5■　a，bに①～③のことばを入れて，言ってみよう。

(　a　)도 (　b　)ㅂ니까/습니까?

① a. 다나카 씨 田中さん　　b. 오다 来る

② a. 숟가락 スプーン　　b. 있다 ある

③ a. 떡볶이 トッポキ　　b. 팔다 売っている　➡ ㄹ語幹

04-08

4 助詞の連続

日本語と同じく,助詞を組み合わせて使うことがある。組み合わせ方や順序は日本語とほぼ同じ。

에 + 는　　집에는 고양이가 있습니다.　　家にはネコがいます。
に　は

에 + 도　　학교에도 고양이가 있습니다.　　学校にもネコがいます。
に　も

에서 + 는　　한국에서는 젓가락을 씁니까?　　韓国では箸を使いますか。
で(から)　は

에서 + 도　　한국에서도 젓가락을 씁니다.　　韓国でも箸を使います。
で(から)　も

04-09

4-4 漢語系数詞

韓国朝鮮語には漢語系数詞，固有語系数詞という2種類の数詞があり，ここでは漢語系数詞を練習する。漢語系数詞は日本語の「いち，に，～」と発音，使い方がよく似ている。

一	二	三	四	五	六	七	八	九	十
일	이	삼	사	오	육	칠	팔	구	십

二十	三十	四十	五十	六十	七十	八十	九十	百
이십	삼십	사십	오십	육십	칠십	팔십	구십	백

千	万	億
천	만	억

・0(ゼロ)は，영または공。

▶ 漢語系数詞の発音，書き方

23 … 이 + 십 + 삼 = 이십삼
二　十　三　二十三

158 … 백 + 오 + 십 + 팔 = 백오십팔
百　五　十　八　百五十八

ポイント

漢語系数詞の場合，数字の言い方は日本語と同じ。

注意

漢語系数詞を発音するときの注意

(1)「十六」「二千六百」など「십」「백」「천」「만」「억」の直後での「육」の発音は［뉵］となる。

e.g.「十六」: 십육［심뉵］
「千六百」: 천육백［천뉵빽］
➡ 巻末「発音のまとめ」参照

(2)「七十」「八十」の発音は，それぞれ칠십［칠씹］，팔십［팔씹］と濃音化する。 ➡ 漢字語でㄹの後にㅅ、ㅈ、ㄷが続く場合濃音化する。

(3)「一万」は通常「一」を省略して「만」と言う。「一万五千」は「만오천」。そのほかは日本語と同じ言い方で，「一千」は「천」と言い，「一億」はそのまま「일억」と言う。

■ **練習6** ■ 次の数字を言ってみよう。

① 14　② 926　③ 6730　④ 18000

04-10

4-5 漢語系数詞とともに使う助数詞

助数詞によって漢語系数詞とともに使うか，固有語系数詞とともに使うかが決まっている。

・년 ～［年］　이천이십 년* 2020 年　＊［이처니십년］と発音する（→ 3-1 参照）

・월 ～［月］　일월 1 月　십이월 12 月

注意

「6 月」と「10 月」は規則通りにならない。

유월 6 月　시월 10 月

・일 ~[日]　팔 일 8日　이십칠 일 27日

・분 ~[分]　십 분 10分　사십오 분 45分

・원 ~ウォン（お金の単位）　오천육백 원 5600ウォン

・층 ~階　삼 층 3階　십이 층 12階

・학년* ~年生　일 학년 1年生　이 학년 2年生

＊[항년]と発音する（→ 3-1 参照）

ほかに，

・교시 ~時間目　・개월 ~カ月　・호실 ~[号室]　・미터 メートル　など

・몇＋助数詞

「何年」「何分」などと言うときには，助数詞の前に몇を付ける。

몇 년 何年　몇 분 何分　몇 월 何月　➡ 몇 월の発音は[며뒬]

cf. 며칠 何日　몇 월 며칠입니까? 何月何日ですか。

■ **練習7** ■　次のことばを韓国朝鮮語で言ってみよう。

① 1993年　② 5月12日　③ 10月27日　④ 38,000ウォン

➡ 10月に注意

⑤ 35分　⑥ 14階　⑦ 3年生

■ **練習8** ■　a，b，cに①～④の語句を入れて（cの語句は韓国朝鮮語に訳して），会話を完成させよう。

A：(　a　)는/은 (　b　)입니까?　B：(　c　)입니다.

① a. 이 구두 このくつ　b. 얼마 いくら　c. 75,000ウォン

② a. 생일 誕生日　b. 언제 いつ　c. 11月13日

③ a. 시계 매장 [時計売場]　b. 몇 층 何階　c. 2階

④ a. 키 背丈　b. 몇 센티 何センチ　c. 170センチ

■ 作文練習 ■　次の日本語を訳しなさい。

① 「朝ご飯 (아침) は何 (무엇) を食べますか。」「パン (빵) を食べます。」
(食べる 먹다)

② スヒ (수희) さんはケーキ (케이크) が好きですか。

③ 土曜日 (토요일) には学校 (학교) でサッカー (축구) をします。
(する 하다)

④ 「この冷麺 (냉면) には汁 (육수) がありません。これも冷麺ですか。」
「はい，それはピビン冷麺 (비빔냉면) です。」

⑤ 「試験 (시험) はいつ (언제) ありますか。」「6 月 27 日にあります。」 ➡ 6月に注意

⑥ 「キム・ソナ (김선아) さんは何年生 (몇 학년*) ですか。」「2 年生です。」

＊몇 학년の発音は［며탕년］となる（3-1，4-1 参照）

04-11

語彙を増やそう (2)　位置に関する単語

앞(前)，뒤(後ろ)，옆(横，隣)，안(中)，속(内部，中)，밖(外)，겉(表，表面)，위(上)，아래(下，下方)，밑(下，底)，근처(近所，近く)，가까이(近く)，건너편(向かい側)，맞은편(向かい側)，사이(間)，가운데(真ん中，間)，오른쪽(右)，왼쪽(左)，북쪽(北)，남쪽(南)，동쪽(東)，서쪽(西)

第 5 課

否定形, 固有語系数詞

05-01

会話本文

‖前回の続き‖

1 다로 : 서점에는 오늘 갑니까?

2 유리 : 아니요. 오늘이 아닙니다. 토요일에 갑니다.

3 다로 : 책은 몇 권 삽니까?

4 유리 : 3(세) 권 삽니다.

5 다로 : 책값이 비싸지 않습니까?

6 유리 : 네, 좀 비쌉니다.

7 그러나 꼭 필요합니다.

05-02

● 発音で注意する部分 ●

3 몇 권 ➡ 멱 꿘　　5 책값이 ➡ 책깝씨　　않습니까 ➡ 안씀니까

● 単語・語句 ●

1 ◆오늘 今日　◆가다 行く

2 ◆아니요 いいえ　◆이 아니다 ~ではない〔cf. 가 아니다〕
◆토요일 [土曜日]

3 ◆몇 何~ (後ろに助数詞が付く)　◆권 ~冊

4 ◆세 三つの (固有語系数詞) 〔cf. 셋 三つ〕

5 ◆책값 本代〔cf. 책 本　값 価格, 値段〕　◆비싸다 (値段が) 高い
◆지 않다 ~ない　6 ◆네 はい　◆좀 ちょっと

7 ◆그러나 しかし　◆꼭 必ず　◆필요하다 [必要] だ

05-03

5-1 終声（3）　2文字の終声

▶ 2文字の終声

2文字の終声は音節末に左右並べて書き、どちらか一方を発音する。

左側を読むもの　ㄳ，ㄵ，ㄶ，ㄼ，ㄽ，ㄾ，ㅀ，ㅄ

右側を読むもの　ㄺ，ㄻ，ㄿ

ポイント

右側を読むものは3つのみ（ㄺ，ㄻ，ㄿ）。それ以外は左側を読む。

注意

（1）ㄼの場合，밟다（踏む）は右側のㅂを発音する。　e.g. 밟다［밥따］

（2）ㄺの場合，ㄱで始まる語尾が付くときは、左側のㄹを発音する。
e.g. 읽고［일꼬］読んで（<읽다［익따］読む）

（3）ただし，若い世代では，右側を読む場合が少なくなっているので，聞き取りの場合には注意が必要である。　e.g. 밟다［발따］，읽다［일따］

▶ 終声規則（➡ 2-5）

発音	該当する終声	発音	該当する終声
ㄱ	ㄱ　ㄲ　ㅋ　ㄳ　ㄺ	ㅁ	ㅁ　ㄻ
ㄴ	ㄴ　ㄵ　ㄶ	ㅂ	ㅂ　ㅍ　ㅄ　ㄿ
ㄷ	ㄷ　ㅌ　ㅅ　ㅆ　ㅈ　ㅊ　ㅎ	ㅇ	ㅇ
ㄹ	ㄹ　ㄼ　ㄽ　ㄾ　ㅀ		

▶ 2文字の終声と連音化

（1）2文字の終声に母音が続くとき，左側を終声として発音し，右側は連音化して発音する。ただし，ㄳ，ㅄは，ㅅが濃音化する。

〈表記〉　　〈発音〉

삶이　　삶 + 이　→ 살미

暮らしが　　sam　i　　sal-mi

넋을　　　넋 + 을　→ 넉쓸
魂を　　　nɔ^{k}　ɯl　　nɔ^{k}–^{ʔ}sɯl

（2）ㄶ，ㅀに母音が続くとき，右のㅎは発音せず，左のㄴ，ㄹが連音化する。

〈表記〉　　　　　　　　〈発音〉
잃어　　　잃 + 어　→ 이러
失くして　　il　　ɔ　　　i–rɔ

（3）次の場合は激音化が生じる。（→ 4-1 参照）

ㄺ, ㄼ ＋ ㅎ	→ ㄹ ＋ ㅋ, ㅍ	밝히다（明かす）→ 발키다 밟히다（踏まれる）→ 발피다
ㄶ, ㅀ ＋ ㄱ ㄷ ㅈ	→ ㄴ, ㄹ ＋ ㅋ ㅌ ㅊ	괜찮다（かまわない）→ 괜찬타 앓고（患って）→ 알코
ㄵ ＋ ㅎ	→ ㄴ ＋ ㅊ	앉히다（座らせる）→ 안치다

■ **練習1** ■　次の語句を発音してみよう。

① 없어요　ありません，いません　② 읽습니다　読みます　③ 앉아서　座って
④ 끓입니다　沸かします　⑤ 잃고　なくして　⑥ 읽힙니다　読まれます

05-04

5-2　語幹＋지 않다　～ない〔用言文の否定形〕

➡ 않다の発音は［안타］と激音化（5-1 参照）

否定の後に丁寧を表す表現が続くこと，動詞，形容詞とも否定形が同じであることに注意。

가 ＋ **지** **않** ＋ 습니다，습니까
行く　　ない　　　ます，ますか
用言語幹　否定　　語尾（丁寧叙述，疑問）

➡ 않다は用言の一種なので語末の다を除いて습니다を付ける。

▶用言文の叙述・疑問，肯定・否定〈합니다体〉

	肯 定 形 母音語幹・ㄹ語幹／子音語幹	否 定 形
叙 述 形	語幹＋ㅂ니다／습니다 ～ます・～です	語幹＋지 않습니다 ～ません・～ありません
疑 問 形	語幹＋ㅂ니까／습니까 ～ますか・～ですか	語幹＋지 않습니까 ～ませんか・～ありませんか

➡ 않습니다，않습니까は［안씀니다］，［안씀니까］と発音する。

가다 行く	갑니다. 行きます。	가지 않습니다. 行きません。
	갑니까? 行きますか。	가지 않습니까? 行かないですか。
덥다 暑い	덥습니다. 暑いです。	덥지 않습니다. 暑くありません。
	덥습니까? 暑いですか。	덥지 않습니까? 暑くありませんか。

注意 存在詞있다（ある・いる）の否定は**없다**（ない・いない）である。
있습니다, 있습니까 → 없습니다, 없습니까

■**練習2**■　a，bに①〜④の語句を入れて，言ってみよう。

A：(　a　)ㅂ니까/습니까?　　B：아니요. (　b　)지 않습니다.

① 사다 買う　　② 맵다 辛い

③ 학교에 가다［学校］に行く　　④ 부산은 춥다 プサンは寒い

05-05

5-3 名詞＋가/이 아니다　〜ではない〔指定詞文の否定形〕

用言文と指定詞文では否定の形が違うこと，名詞が母音終わりか子音終わりかによって形が異なることに注意する。指定詞文の합니다体は，指定詞아니다の語幹아니にㅂ니다，ㅂ니까を付ける。

▶ **指定詞文の叙述・疑問，肯定・否定〈합니다体〉**

<table>
<tr><th rowspan="2"></th><th rowspan="2">肯定形</th><th colspan="2">否定形</th></tr>
<tr><th>母音終わりの名詞</th><th>子音終わりの名詞</th></tr>
<tr><td rowspan="2">叙述形</td><td rowspan="2">名＋입니다
〜です</td><td>名＋가 아닙니다</td><td>名＋이 아닙니다</td></tr>
<tr><td colspan="2">〜ではありません</td></tr>
<tr><td rowspan="2">疑問形</td><td rowspan="2">名＋입니까
〜ですか</td><td>名＋가 아닙니까</td><td>名＋이 아닙니까</td></tr>
<tr><td colspan="2">〜ではありませんか</td></tr>
</table>

의사 医者	의사입니다. 医者です。	의사가 아닙니다. 母音終わり 医者ではありません。
	의사입니까? 医者ですか。	의사가 아닙니까? 医者ではありませんか。
회사원 [会社員]	회사원입니다. 会社員です。	회사원이 아닙니다. 子音終わり ➡ 連音化に注意 会社員ではありません。
	회사원입니까? 会社員ですか。	회사원이 아닙니까? 会社員ではありませんか。

ポイント

指定詞文は他の用言文と否定の形が違う。よく間違える部分なので要注意。

■ **練習3** ■　a, bに①～④の語句を入れて，言ってみよう。

A：(　a　)입니까?　　B：아니요. (　b　)가/이 아닙니다.

① a. 학생 [学生]　　b. 학생 [学生]

② a. 다나카 씨 친구 田中さんの友達　　b. 제 친구 私の友達

③ a. 이상구 씨 것 イ・サングさんの物　　b. 제 것 私の物

④ a. 한국은 처음 [韓国]は初めて　　b. 처음 初めて

05-06

5-4 固有語系数詞

固有語系数詞は日本語の「ひとつ, ふたつ, ～」にあたる数詞だが, 99まで数えることができる(百以上は漢語系数詞を使う)。一部の語は助数詞が続くときに形が変わるので注意する。

1	2	3	4	5	6	7	8	9	10
하나	둘	셋	넷	다섯	여섯	일곱	여덟*	아홉	열

20	30	40	50	60	70	80	90
스물	서른	마흔	쉰	예순	일흔*	여든	아흔

＊여덟は[여덜], 일흔は[이른]と発音

▶ 固有語系数詞の発音，書き方

23
- 이 + 십 + 삼 = 이십삼 （漢語系）
  2　10　3　23
- 스물 + 셋 = 스물셋 （固有語系）
  20　3　23

注意

（1）前の数詞が終声ㄹで終わる場合，둘 (2)，셋 (3)，다섯 (5) は［뚤］，［쎋］，［따섣］と発音する。具体的には 12，13，15，22，23，25 のとき。

12 열둘［열뚤］　13 열셋［열쎋］　15 열다섯［열따섣］

（2）前の数詞が終声ㄹで終わる場合，넷 (4)，여섯 (6)，여덟 (8) は［렏］，［려섣］，［려덜］と発音する。具体的には 14，16，18，24，26，28 のとき。

14 열넷［열렏］（→ 7-1 参照）

16 열여섯［열려섣］　18 열여덟［열려덜］

➡ 巻末「発音のまとめ」参照

（3）30 ～ 90 のあとの여섯，여덟は，［녀섣］，［녀덜］と発音する。

36 서른여섯［서른녀섣］　78 일흔여덟［이른녀덜］

➡ 巻末「発音のまとめ」参照

■ **練習4** ■　次の数字を固有語系の数詞で言ってみましょう。

① 15　② 37　③ 52　④ 129　➡ 百は漢語系数詞を使う。

▶ 助数詞が続く場合の形

後ろに助数詞などが続くとき形の変わるものがある。

	1	2	3	4	20
基本の形	하나	둘	셋	넷	스물
後ろに助数詞などが続くときの形	한	두	세	네	스무

한 개（×하나 개）　두 개　세 개　네 개　스무 개
1個　2個　3個　4個　20個

ポイント

固有語系の数詞でまず覚えるのは1から10までと自分の年齢。

1，2，3，4，20に助数詞が続くときは要注意。

05-07

5-5 固有語系数詞とともに使う助数詞

・개［個］　다섯 개 5個　일곱 개 7個
・살 歳　열여덟 살 18歳　스물아홉 살 29歳
・시［時］　네 시 4時　열한 시 11時
・번* 回，度　한 번 1回　세 번 3回

＊번は「～［番］」という意味もあるが，そのときは漢語系数詞を使う。

・명［名］　여섯 명* 6名　＊発音は［여선 명］（→ 3-1 参照）

ほかに，

・사람 人　・잔 杯　・장 枚　・권 冊
・병 本・［瓶］　・시간［時間］ など

注意

여덟と열に後続する ㄱㄷㅂㅅㅈは ㄲㄸㅃㅆㅉと発音する。

	〈表記〉	〈発音〉
10個	열 개	→ 열 깨
28歳	스물여덟 살	→ 스물려덜 쌀

ポイント

固有語系数詞と漢語系数詞の使い分けに注意。特に時間の言い方に要注意。

～時は固有語系，～分は漢語系。　다섯 시 오 분 5時5分

■ 練習5 ■ 次の語句を上の助数詞を使って言ってみよう。

① 8個　② 19歳　③ 5枚　④ 4時10分　⑤ 12時30分

■ 練習6 ■ a，bに①～④の語句を入れて（bの語句は韓国朝鮮語に訳して），会話を完成させよう。

A：몇（ a ）입니까?　B：（ b ）입니다.

① a. 살 歳　b. 16歳　② a. 명［名］ b. 37名　➡ 몇 명の発音に注意
③ a. 시［時］ b. 3時半（반）　④ a. 잔 杯　b. 2杯

■作文練習■　次の日本語を訳しなさい。

① ここはホテルではありません。病院です。

② 私(저)はお酒(술)を飲みません。タバコ(담배)も吸いません。
(飲む 마시다, 吸う 피우다)

③ 土曜日には授業(수업)がありません。　➡ 있다を否定形にしないように。

④ このリンゴ(사과)は 3 個で 3000 ウォンです。(～で 에)

⑤「毎朝(매일 아침)何時に起きますか。」「6時 15 分に起きます。」
(起きる 일어나다)

⑥ 私の(우리)弟(남동생)は 17 歳です。高校の(고등학교)2年生です。

⑦「韓国朝鮮語(한국어)は難しいですか。」「いいえ, 難しくありません。」
(難しい 어렵다)

⑧ 私は東京には住んでいません。千葉に住んでいます。(住んでいる 살다)　➡ ㄹ語幹

05-08

語彙を増やそう (3)　時に関する言葉 (1)

오늘 今日, 내일 明日, 모레 あさって, 어세 昨日, 그저께 おととい, 매일[毎日], 아침 朝, 낮 昼, 저녁 夕方, 밤 夜, 오전[午前], 오후[午後], 일요일[日曜日], 월요일[月曜日], 화요일[火曜日], 수요일[水曜日], 목요일[木曜日], 금요일[金曜日], 토요일[土曜日], 무슨 요일 何[曜日]

[무슨뇨일] ➡ 巻末「発音のまとめ」参照

第 6 課

尊敬形

06-01

会話本文

‖写真を見ながら‖

1 유리 : 다로 씨 아버님은 무슨 일을 하십니까?

2 다로 : 은행에 근무하십니다.

3 유리 : 우리 아버지는 초등학교 선생님이십니다.

4 다로 : 유리 씨 아버님은 어디에 계십니까?

5 유리 : 서울에 계십니다. 그런데, 8(팔)월 10(십)일부터 17(십칠)일까지 도쿄에 오십니다.

6 다로 : 어머님도 같이 오십니까?

7 유리 : 아니요. 어머니는 부산의 할머니 댁에 가십니다.

06-02

● 発音で注意する部分 ●

1 무슨 일 ➡ 무슨닐 ➡ 巻末「発音のまとめ」参照

2 은행 ➡ 으냉

3 선생님이십니다 ➡ 선생니미심니다

4 계십니까 ➡ 게심니까

5 계십니다 ➡ 게심니다

6 같이 ➡ 가치

7 부산의 ➡ 부사네

● 単語・語句 ●

1 ◆아버님 お父様〔cf. 아버시〕 ◆무슨 일 何の仕事 ◆하다 する
◆시 れる・られる, お〜になる〔cf. 으시〕

2 ◆은행［銀行］ ◆근무하다［勤務］する,勤める

3 ◆우리 私たち；私 ◆아버지 お父さん, 父
◆초등학교［初等学校］(日本の小学校にあたる)
◆선생님 先生 (直訳すると「先生様」) ◆이십니다 〜でいらっしゃいます

4 ◆어디 どこ ◆에 〜に (助詞) ◆계시다 いらっしゃる〔cf. 있다〕

5 ◆서울 ソウル (韓国の首都) ◆그런데 ところで
◆월 〜［月］ ◆일 〜［日］ ◆부터 〜から (助詞) ◆까지 〜まで (助詞)
◆도쿄 東京 ◆오다 来る

6 ◆어머님 お母様〔cf. 어머니〕 ◆같이 一緒に

7 ◆어머니 お母さん, 母 ◆부산［釜山］ ◆의 〜の (助詞)
◆할머니 おばあさん ◆댁 お宅〔cf. 집〕 ◆가다 行く

06-03

6-1 発音規則 (3) ㅎの無音化

終声ㄴ, ㄹ, ㅁ, ㅇのあとに初声のㅎが続くとき, ㅎはほとんど発音されない。終声ㄴ, ㄹ, ㅁ, ㅇと母音が連音化される。

終声	初声		初声		〈表記〉		〈発音〉
ㄴ			ㄴ		은행（[銀行]）	→	으냉
ㄹ	+ ㅎ + 母音 →		ㄹ	+ ノシ + 母音	결혼（[結婚]）	→	겨론
ㅁ			ㅁ		남학생（男子学生）	→	나막쌩
ㅇ			ㅇ		안녕히（安らかに）	→	안녕이

■ 練習1 ■ 次の語句を発音してみよう。

① 간호사［看護師］ ② 담화［談話］ ③ 발휘［発揮］ ④ 경험［経験］

06-04

6-2 発音規則（4） 口蓋音化

終声ㄷ/ㅌのあとに母音이が続くとき，디/티ではなく，지/치と発音される。これを口蓋音化という。口蓋音化する単語は少ないので，単語ごとに発音を覚えてもよいだろう。

終声	〈表記〉	〈発音〉
ㄷ/ㅌ ＋ 이 → 지/치	같이（一緒に）	→ 가치
	핥이다（なめさせる）	→ 할치다
	굳이（強いて）	→ 구지

・終声ㄷのあとに히が続くとき，ㄷと히が一緒になって치と発音される。

닫히다（閉まる） → 다치다

■練習2■ 次の語句を発音してみなさい。

① 붙이다 付ける　② 해돋이 日の出　③ 굳히다 固める

06-05

6-3 用言語幹＋시/으시 れる・られる，お〜になる，お〜だ〔尊敬形〕

目上の人や親しくない人について話すとき，尊敬の形を使う。尊敬を表す시/으시は補助語幹と言い，用言の語幹と語尾（ㅂ니다，ㅂ니까など）の間に入る。尊敬の시/으시は動詞だけでなく形容詞など用言すべてに付く。

	母音語幹	ㄹ語幹	子音語幹
〜れる，られる	語幹＋시	語幹（ㄹ脱落）＋시	語幹＋으시

다니다 → 다니 + **시** + ㅂ니다, ㅂ니까　회사에 다니십니까?
勤める，通う　母音語幹 **尊敬**　語尾　会社にお勤めですか。

오카다 씨는 회사에 다니십니다.
岡田さんは会社にお勤めです。

살다 → 사 + **시** + ㅂ니다, ㅂ니까　어디에 사십니까?
住む　ㄹ語幹（ㄹ脱落） **尊敬**　語尾　どこにお住まいですか。

찾다 → 찾 + **으시** + ㅂ니다, ㅂ니까　무엇을 찾으십니까?
探す　子音語幹 **尊敬**　語尾　何をお探しですか。

注意　形容詞にも시/으시を付けて言うことができる。（人に関する事柄を言うとき）
바쁘다 忙しい　오늘은 바쁘십니까? 今日はお忙しいですか。

▶ **指定詞の尊敬形** → 이다, 아니다の語幹이, 아니에시が付く。

한국 분이다　한국 분이 + 십니까　→ 한국 분이십니까?
韓国の方だ　指定詞語幹이　**尊敬+丁寧**　韓国の方でいらっしゃいますか。

야마다 선생님이 아니다　야마다 선생님이 + 아니십니다
山田先生でない　指定詞語幹아니 **尊敬+丁寧**

→ 야마다 선생님이 아니십니다.
山田先生でいらっしゃいません。

> **注意**
> 누구（誰），어디（どこ）の後では이십니까の이が省略される。
> 누구(어디)십니까? どなた（どちら）ですか。

■ 練習3 ■　例にならって形を作ってみよう。

例	가다 行く	가시다 行かれる	가십니다 行かれます	가십니까 行かれますか

① 보다 見る　② 받다 受け取る

③ 알다 知っている　④ 김정수 선생님이다 キム・ジョンス先生だ

06-06

6-4 特殊な尊敬形

用言の中には規則通りの尊敬形を使わず，特殊な形の尊敬形を使うものがある。

먹다 食べる
마시다 飲む } → 드시다 召し上がる，잡수시다 召し上がる
자다 寝る　→ 주무시다 お休みになる
죽다 死ぬ　→ 돌아가시다 亡くなる
있다 いる　→ 계시다 いらっしゃる　cf. 있으시다 おありになる
없다 いない　→ 안 계시다 いらっしゃらない　cf. 없으시다 おありにならない

> **注意**
> **계시다, 안 계시다と있으시다, 없으시다の使い方**
> 人が主語のときは계시다，안 계시다，物事が主語のときは있으시다，없으시다を使う。

김 선생님 계십니까?　キム先生いらっしゃいますか。
내일 시간 있으십니까?　明日時間おありになりますか。

06-07

6-5 名詞の尊敬形

名詞にも尊敬形があるものがある。ここではよく使うものを挙げておく。

집 家 → 댁 お[宅]　　말 話 → 말씀 お話

이름 名前 → 성함 お名前　　나이 歳 → 연세 お歳

저 사람 あの人 → 저분 あの方

아버지 お父さん → 아버님 お父様　　어머니 お母さん → 어머님 お母様

아들 息子 → 아드님 ご子息　　딸 娘 → 따님 お嬢様

부모님 ご両親　　사모님 奥様

▶名前（年齢）の丁寧な尋ね方

성함이 어떻게 되십니까?　お名前は何とおっしゃいますか。

연세가 어떻게 되십니까?　お歳はおいくつでいらっしゃいますか。

■練習4■ a，bに①～⑥の語句を入れて言ってみよう。

A：(　a　)십니까/으십니까?　　B：(　b　)ㅂ니다/습니다.

① a. 어디에 가다 どこに行く　　b. 약국에 가다 [薬局]へ行く

② a. 커피를 마시다 コーヒーを飲む　➡ 特殊な尊敬形に注意。

b. 아니요. 홍차를 마시다 いいえ，[紅茶]を飲む

③ a. 시간이 괜찮다 [時間]が大丈夫だ　　b. 네, 괜찮다 はい，大丈夫だ

④ a. 어디에 전화를 걸다 どこに[電話]をかける　　b. 집에 걸다 家にかける

➡ ㄹ語幹

⑤ a. 일본 분이다 [日本]の方だ

b. 네, 일본 사람이다 はい，[日本]人だ

⑥ a. 다나카 선생님이다 田中先生だ

b. 아니요. 나카타이다 いいえ，中田だ

■練習5■ a，b，cに①～④の単語を入れて会話を完成させよう。

A：(　a　)에서 (　b　)를/을 (　c　)십니까/으십니까?

B：네, (　c　)ㅂ니다/습니다.

① a. 파티 パーティー　b. 한복 [韓服]（民族衣装）　c. 입다 着る

② a. 공항 [空港]　　b. 고속버스 [高速]バス　　c. 타다 乗る

③ a. 한국 [韓国]　　b. 일본 음식 [日本]料理　　c. 먹다 食べる　➡ 特殊な尊敬形。

④ a. 댁 お宅　　b. 김치 キムチ　　c. 만들다 作る　➡ ㄹ語幹

06-08

6-6 助詞(4)　～부터；～까지；～의

1 ～부터　～까지〔時間・順番〕
　～에서　～까지〔場所〕　　～から　～まで

「から」にあたる助詞は2つある。時間や順番を表す場合は，부터を使い，場所を表す場合には에서を使う。

세 시부터 일곱 시까지　　3時から7時まで
일 번부터 오 번까지　　1番から5番まで
집에서 역까지　　家から駅まで

■ 練習6 ■　a，bに①～③のことばを入れて言ってみよう。

(　a　)부터 (　b　)까지 공부합니다.

① a. 1시 1時　　b. 6시 6時

② a. 오늘 今日　　b. 금요일 [金曜日]

③ a. 1교시 1時間目　　b. 4교시 4時間目

■ 練習7 ■　a，b，cに①～③のことばを入れて言ってみよう。

A：(　a　)에서 (　b　)까지 몇 분쯤 걸립니까?
　　～くらいかかりますか

B：(　c　)쯤 걸립니다.
　　～くらいかかります

① a. 집 家　　b. 학교 [学校]　　c. 45분 45分

② a. 호텔 ホテル　　b. 시장 [市場]　　c. 10분 10分

③ a. 역 [駅]　　b. 박물관 [博物館]　　c. 5분 5分

➡ 박물관の発音，鼻音化に注意。

06-09

2 ～의　～の

表記は의だが，通常［에］と発音される。日本語の「の」が使われるところで의が使われないことも多い。

어머니의 사진 母の［写真］　　　한국의 인상［韓国］の［印象］

注意

位置関係を表すことば（앞 前，옆 横，위 上など）の前では의を使わない。名詞のあとに直接位置を示すことばが続く。

학교 앞 学校の前　　　책상 위 机の上

■作文練習■　次の日本語を訳しなさい。

①「毎日（매일）何時にお起きになりますか。」「7時ぐらい（쯤）に起きます。」

（起きる 일어나다）

②「明日（내일）お宅にいらっしゃいますか。」「いいえ，明日は学校に行きます。」

➡ 特殊な尊敬形と名詞の尊敬形に注意する。

③「明日午前（오전）に時間（시간）がおありになりますか。」

「11時に約束（약속）があります。」

④「息子さんは大学生（대학생）でいらっしゃいますか。」「ええ（네），今（지금）1年生です。」➡「～でいらっしゃいますか」は입니까の尊敬形を使う。

⑤「お母様は，おいくつでいらっしゃいますか。」「52歳です。」

➡ 自分の母にも敬語を使う。

⑥「あの方（분）はどなたですか。」「田中社長（사장님）でいらっしゃいます。」

（誰 누구）➡ 누구の後に付く形に注意。

⑦ 午前（오전）9時から午後（오후）5時50分まで勉強（공부）をします。

⑧ ソウル（서울）からプサン（부산）まで2時間（시간）半かかります。

（かかる 걸리다）➡ 시간の前の数詞は固有語系。

06-10

語彙を増やそう（4） 親族名称

아버지 お父さん，아빠 お父ちゃん，お父さん，어머니 お母さん，엄마 お母ちゃん，お母さん，할아버지 おじいさん，할머니 おばあさん，형 お兄さん（弟から），형님 お兄さん（尊敬形），오빠 お兄さん（妹から），누나 お姉さん（弟から），누님 お姉さん（尊敬形），언니 お姉さん（妹から），동생 弟，妹，남동생 弟，여동생 妹

敬語の使い方

韓国朝鮮語の敬語は，基本的に日本語とよく似ていますが，その使い方で日本語と少し違うところがあります。

たとえば，日本語では，身内以外の人に身内の人のことを言うときには敬語を使いません。たとえば，他の人には，

・父は今おりません。

と言います。これに対し，韓国朝鮮語では，目上の人のことを言うときには話す相手が誰であろうと敬語を使います。ですから，家族以外の人に言うときでも，次のように言います。

・아버님은 지금 안 계십니다.
（お父様は今いらっしゃいません。）

また，韓国朝鮮語では，敬語を使うとき最も重要なのは，その人が自分より年齢が高いか低いかです。年上の人には敬語を使うのが原則です。日本語では少しぐらいの年齢差だと敬語を使わないときがありますが，日本語より年齢の差を気にする傾向があります。なお，同年齢，年下でも親しくないときには敬語を使います。

第 7 課

～です, ～ますの表現 ② (해요体)

07-01

会話本文

‖大学の寮のロビーで‖

1 유리 : 오늘은 학교에 몇 시에 가요?

2 다로 : 오늘은 9시까지 가요.

3 유리 : 기숙사에는 몇 시에 돌아와요?

4 다로 : 3시쯤에 돌아와요.

5 4시부터 선배하고 같이 한국어를 공부해요.

6 유리 씨는 오늘 뭐 해요?

7 유리 : 저는 오늘 학교에 안 가요.

8 오후에 친구하고 테니스를 쳐요.

07-02

● 発音で注意する部分 ●

5 같이 ➡ 가치

● 単語・語句 ●

1 ◆오늘 今日　◆학교［学校］　◆몇 何～　◆시［時］
◆가요＞가＋아요　◆가다 行く
◆아요 ～ます（か）, ～です（か）（語尾）〔cf. 어요, 여요〕

2 ◆까지 ～まで, ～までに（助詞）

3 ◆기숙사（学校の）寮,［寄宿舎］　◆돌아와요＞돌아오＋아요
◆돌아오다 帰る, 帰ってくる〔cf. 돌아가다〕

4 ◆쯤 頃, くらい

5 ◆선배［先輩］　◆하고 ～と（助詞）　◆같이 一緒に
◆한국어 韓国朝鮮語,［韓国語］　◆공부해요＞공부하＋여요
◆공부하다 勉強する

6 ◆뭐 해요＞뭐 하＋여요　◆뭐 하다 何をする
◆여요 ～ます（か）, ～です（か）（語尾）〔cf. 아요, 어요〕

7 ◆저 私　◆안 ～ない（否定）

8 ◆오후［午後］　◆친구 友達　◆테니스 テニス
◆쳐요＞치＋어요　◆치다 打つ（테니스를 치다 テニスをする）

07-03

7-1 発音規則（5） 側音化

終声ㄴの後に初声のㄹが続くとき, あるいはその逆のとき, 終声, 初声ともㄹの発音になる。このことを側音化という。

終声 初声		終声 初声	〈表記〉	〈発音〉
ㄴ ＋ ㄹ	→	ㄹ ＋ ㄹ	편리하다（［便利］だ）	→ 펼리하다
ㄹ ＋ ㄴ			설날（元日）	→ 설랄

■ 練習1 ■　次の語句を発音してみよう。

① 한류［韓流］　② 연락하다［連絡］する　③ 달나라 月の国

➡ 연락하다は激音化にも注意。

07-04

7-2 해요体（1） 動詞・存在詞・形容詞 ～です（か），～ます（か）

1 陽母音・陰母音

韓国朝鮮語の母音は陽母音と陰母音に分けられる。語幹末の母音が陽母音か陰母音かによって，語尾の形が異なることがあるので，この区別は重要。

・母音ㅏ，ㅗ* → 陽母音　　・ㅏ，ㅗ以外の母音* → 陰母音

*ㅏ，ㅗを含む重母音ㅑ，ㅛ，ㅘも陽母音扱いになる。

2 해요体の形

丁寧な文末表現で，通常の会話で非常によく使われる。叙述形と疑問形が同じ形をとる。語幹末の音節の母音が陽母音か陰母音かで形が異なる点に注意する。

	語幹末が陽母音	語幹末が陰母音	하다用言*
～です（か） ～ます（か）	語幹＋아요	語幹＋어요	하＋여요 → 해요

*名詞や副詞に하다がついた用言を하다用言という。

받다　　받 ＋ 아요　　→ 받아요.(?)
受け取る　　陽母音　　受け取ります（か）。

먹다　　먹 ＋ 어요　　→ 먹어요.(?)
食べる　　陰母音　　食べます（か）。

계산하다　　계산하 ＋ 여요　　→ 계산하여요.(?) → 계산해요.(?)
計算する　　하다用言　　計算します（か）。

▶ 해요体の否定形

해요体の否定形は，않다の語幹末母音が陽母音「ㅏ」なので아요が付き，～지 않아요（発音は［지 아나요］）となる。

먹다　　→ 먹지 않다　　→ 먹지 않아요.(?)
食べる　　食べない　　食べません（か）。

・用言語幹＋아요/어요/여요の意味

語幹＋아요/어요/여요の形は叙述，疑問のほか，「～しましょう」「～しなさい」という誘いや命令の意味でも使われる。

같이 해요. 一緒にしましょう。　　빨리 먹어요. 早く食べてください。

■ **練習2** ■ 例のように해요体の言い方を使って，Xの語句は尋ねる文，Yの語句は答える文にして言ってみよう。

例 X＝ 어디에 있다 → 어디에 있어요? どこにいますか。

Y＝ 학교에 있다 → 학교에 있어요. ［学校］にいます。

① X＝ 방이 좁다　部屋が狭い　　Y＝ 네, 좁다　はい，狭い

② X＝ 도서관은 몇 시에 열다　［図書館］は何時に開く

Y＝ 9시 반에 열다　9時半に開く

③ X＝ 열심히* 공부하다　一生懸命勉強する

＊［열씨미］と発音する

Y＝ 아니요. 하지 않다　いいえ，しない

3 해요体の縮約形（하다用言を除く）

縮約は，母音語幹の場合に起こり，子音語幹の場合は起こらない。

(1) 母音が脱落する場合

語幹末の母音

① ㅏ + 아요 → ㅏ요　가다 行く → (가아요) → 가요

② ㅓ + 어요 → ㅓ요　서다 立つ，止まる → (서어요) → 서요

③ ㅐ + 어요 → ㅐ요　보내다 送る → 보내어요 → 보내요

④ ㅔ + 어요 → ㅔ요　세다 数える → 세어요 → 세요

⑤ ㅕ + 어요 → ㅕ요　펴다 広げる → (펴어요) → 펴요

注意! ①②⑤は縮約形だけを使う

(2) 母音が一緒になる場合

語幹末の母音

① ㅗ + 아요 → ㅘ요　보다 見る → 보아요 → 봐요

注意! 오다(来る)の해요体は，縮約形와요だけを使う。

② ㅜ + 어요 → ㅝ요　주다 与える → 주어요 → 줘요

③ ㅣ + 어요 → ㅕ요　마시다 飲む → 마시어요* → 마셔요

＊通常は縮約形が使われ，この形はあまり使われない。

④ ㅚ + 어요 → ㅙ요　되다 なる → 되어요 → 돼요

■**練習3**■ 練習2と同じように해요体の言い方を使って，Xの語句は尋ねる文，Yの語句は答える文にして言ってみよう。

① X＝ 일요일에 무엇을 하다 ［日曜日］に何をする

Y＝ 영화를 보다 ［映画］を見る

② X＝ 이 가방은 싸다 このカバンは安い

Y＝ 아니요, 비싸다 いいえ，高い

③ X＝ 무엇을 마시다 何を飲む　Y＝ 맥주를 마시다 ビールを飲む

④ X＝ 내일 서울에 오다 明日ソウルに来る

Y＝ 네, 내일 가다 はい，明日行く

ポイント

해요体は，語幹末の母音が陽母音か陰母音かに注意。母音語幹の用言は縮約形になる。

07-05

7-3 해요体（2） 指定詞 ～です（か）

指定詞の해요体叙述形・疑問形は，指定詞이다，아니다の語幹に에요を付ける。ただし，이다の場合，母音終わりの名詞は이에요の縮約形，예요が使われる。

	母音終わりの名詞	子音終わりの名詞
이다 ～だ	예요*	이에요
	～です（か）	
(～가/이) 아니다 ～でない	(～가) 아니에요	(～이) 아니에요
	～ではありません（か）	

＊예요は通常，［에요］と発音される。

저기（母音終） ＋ 예요 → 저기예요.(?)
あそこ　です（か）　あそこです（か）。

병원（子音終） ＋ 이에요 → 병원이에요.(?)
［病院］　です（か）　病院です（か）。

학생이 아니다 → 학생이 아니에요.(?)
［学生］ではない　学生ではありません（か）。

■練習4■ 練習2と同じように예요/이에요の形を使って，Xの語句は尋ねる文，Yの語句は答える文にして言ってみよう。

① X＝ 이것은 얼마　これはいくら　　Y＝ 삼만 원　3万ウォン

② X＝ 지금 몇 학년*　今何年生　　Y＝ 대학교 1학년　大学1年生

*몇 학년は激音化と鼻音化により［며탕년］と発音する

③ X＝ 저 음식은 뭐　あの食べ物は何　　Y＝ 짜장면　ジャージャー麺

■練習5■ a，bに語句を入れ，会話を完成させよう。（縮約形がある場合は、縮約形を使いなさい。）

A：(　a　)가/이 (　b　)ㅂ니까/습니까?

B：네, (　b　)아요/어요/여요.

① a. 전철역*　電車の［駅］　　b. 근처에 있다 近所にある

*［전철력］と発音（➡ 巻末「発音のまとめ」参照）

② a. 인삼 값*　高麗［人参］の値段　　b. 비싸다 高い

*［인삼깝］と発音

③ a. 저 사람　あの人　　b. 김중섭 씨이다　キム・チュンソプさんだ

➡ 이다は아요/어요/여요とは違う形になる

07-06

7-4 안＋用言　～ない（用言の否定形）〔話し言葉〕

指定詞以外の用言に付く表現で，話し言葉でよく使われる。用言の語幹に지 않다を付ける表現は，話し言葉，書き言葉の両方に使われる。

보다 → 안 보다 → 안 봅니다, 안 보아요(봐요).
見る　　見ない　　　見ません

cf. ～지 않다　보지 않습니다, 보지 않아요（➡ 5-2）

注意　動詞として使われる하다用言（하다動詞）では通常，하다の直前に안を入れる。
공부하다(勉強する) → 공부 안 해요. 勉強しません。(×안 공부해요.)

■ **練習6** ■　次の語句と안を使って，日本語に合う文を作ってみよう。文末は해요体にすること。（→のあとの訳は안を使った文の訳。）

例 오늘 / 학교 / 가다（今日は学校に行きません。）→ 오늘은 학교에 안 가요.

① 김치 / 사다　（→キムチは買いませんか。）

② 성적 / 좋다　（→［成績］がよくありません。）

③ 진학 / 포기하다　（→［進学］をあきらめません。）

07-07

7-5 助詞（5）　～와/과；～하고　～と

하고は話し言葉で使われ，와/과は書き言葉，話し言葉の両方で使われる。

	母音終わりの名詞	子音終わりの名詞
～と	～와	～과
	～하고	

해와 달 太陽と月　　달과 해 月と太陽

갈비하고 맥주 カルビとビール

■ **練習7** ■　와/과，하고を使って，次の2つの語句を結びつけなさい。

① 교과서［教科書］，볼펜 ボールペン

② 젓가락 箸，숟가락 スプーン　➡ 하고で結んだときの発音に注意。

■ **作文練習** ■　次の日本語を訳しなさい。指示がない場合，文末は해요体にしなさい。

① 午後3時に飛行機（비행기）に乗ります。（ 乗る 타다 ）

➡ 타다の前の助詞に注意。

② 毎日7時に朝ご飯（아침밥*）を食べます。昼ご飯（점심）は食べません。

（ 食べる 먹다 ）（ 안を使って ）＊아침밥は［아침빱］と発音。

③ 家から学校まで1時間半かかります。（ かかる 걸리다 ）

④ 今日の午後に，キム先生と田中さんに会います。（ 会う 만나다 ）

➡「に」に当たる助詞に注意。

⑤「あの建物（건물）は何（뭐）ですか。」「あれはソウル駅（서울역*）です。」

＊서울역は［서울력］と発音。

⑥ この映画（영화）は時間がちょっと（좀）長いです。（ 長い 길다 ）

⑦ この漫画（만화）は本当に（참）おもしろいです。（ おもしろい 재미있다 ）

⑧ 明日（내일），一緒に美術館（미술관）に行きましょう。 ➡ 해요体は誘いの意味にもなる。

07-08

語彙を増やそう（5） 乗り物と乗る場所

버스 バス，정류장 停留所，고속버스［高速］バス，택시 タクシー，전철 電車，地下鉄（電車と地下鉄の両方を指す），지하철［地下鉄］，열차［列車］，역［駅］，

［정뉴장］ ➡ 8-1

비행기［飛行機］，공항［空港］，배 船，차［車］，자동차［自動車］，

자전거［自転車］

합니다体と해요体

학교에 갑니다. → 합니다体　　학교에 가요. → 해요体

上の2つの文は，日本語ではどちらも「学校に行きます。」となります。文末がㅂ니다などで終わる합니다体と，아요／어요／여요で終わる해요体は，日本語にはない区別で，うまく使い分けるのが難しい部分です。

합니다体はより丁寧な言い方ですが，堅い感じがします。해요体も丁寧な言い方で，합니다体より柔らかい感じがします。そのため，해요体は話しことばで使われることが多いです。합니다体と해요体の使い分けには，相手がどのくらい目上の人か，どのくらい親しいか，どういう場面で話すかなどが関係し，その使い方は単純ではありません。これから出てくる会話例を参考にしてください。

第 8 課

尊敬の해요体, 連用形

08-01

会話本文

‖誕生日パーティーで‖

1 다로 : 유리 씨, 생일 축하해요! 생일 선물 받으세요.

2 유리 : 어? 이게 뭐예요?

3 다로 : 한번 열어 보세요. 곰 인형 좋아하세요?

4 유리 : 네, 아주 좋아해요. 아! 한글 편지도 있네요.

5 다로 씨가 편지를 읽어 주세요.

6 다로 : 네. “생일 축하합니다. 앞으로도 잘 지내요.”

7 유리 : 그래요. 정말 감사합니다.

08-02

● 発音で注意する部分 ●

1 축하해요 ➡ 추카해요

3 인형 ➡ 이녕　　좋아하세요 ➡ 조아하세요

4 있네요 ➡ 인네요

5 읽어 ➡ 일거

● 単語・語句 ●

1 ◆생일 誕生日　◆축하해요 おめでとうございます＞축히하다 祝う
◆선물 プレゼント, 贈り物　◆받다 もらう, 受け取る
◆으세요 ～てください（指示）〔cf. 세요〕

2 ◆어 おっ, あら　◆이게＞이것이 これが　◆뭐＞무엇 何

3 ◆한번 一度　◆열어＞열다　◆열다 開ける
◆어 보세요 ～てみてください＞보다 見る　◆곰 クマ（熊）
◆인형［人形］, ぬいぐるみ　◆좋아하다 好む（～를/을 좋아하다 ～が好きだ）

4 ◆아주 とても　◆아 あっ　◆한글 ハングル　◆편지 手紙
◆네요 ～ですね（→ 9-6）

5 ◆읽어＞읽다　◆읽다 読む
◆～어 주세요 ～てください（依頼）＞주다 くれる, やる

6 ◆앞으로도 これからも　◆앞 前, 今後
◆으로 ～へ〔方向〕〔cf. 로〕　◆잘 よく, 元気で　◆지내다 過ごす

7 ◆그래요 そうです, そうします　◆정말 本当に
◆감사합니다 ありがとうございます＞감사하다［感謝］する

08-03

8-1 発音規則（6）　鼻音化（2）

$[^k]$ $[^t]$ $[^p]$ と発音する終声の後に初声 ㄹ が続くとき, 終声はそれぞれ ㅇ ㄴ ㅁ と発音され, 初声 ㄹ は ㄴ で発音される。もう一つ, 終声 ㅁ ㅇ の後に初声の ㄹ が続くとき, 初声の ㄹ が ㄴ で発音される。

（1）終声　　初声　　終声

$[^k]$（ㄱ ㅋ など）
$[^t]$（ㄷ ㅌ など）　＋ ㄹ → ㅇ / ㄴ / ㅁ ＋ ㄴ
$[^p]$（ㅂ ㅍ など）

국립（［国立］）→ 궁닙　　몇 리터（何リットル）→ 면니터
입력（［入力］）→ 임녁

(2) 終声　　初声　　終声　　初声

ㅁ, ㅇ ＋ ㄹ → ㅁ, ㅇ ＋ ㄴ

음료수(飲み物) → 음뇨수　　정류장(停留所) → 정뉴장

■ **練習1** ■　次の語句を発音してみよう。

① 독립［独立］　② 협력［協力］　③ 심리［心理］　④ 장래［将来］

8-2 해요体 (3)　尊敬の해요体

	母音語幹	ㄹ語幹	子音語幹
～れます(か) ～られます(か)	語幹＋세요	語幹（ㄹ脱落）＋세요	語幹＋으세요

08-04

1 ～されます(か), お～です(か)〔叙述, 疑問〕

用言文の해요体尊敬形は, 用言が母音語幹, 子音語幹, ㄹ語幹のいずれかによって, 後ろに付く形が違う。

가다　가 ＋ **세요**　→ 가세요.(?)
行く　母音語幹　行かれます(か)。

살다　사 ＋ **세요**　→ 사세요.(?)
住む　ㄹ語幹(ㄹ脱落)　お住まいです(か)。

찾다　찾 ＋ **으세요**　→ 찾으세요.(?)
探す　子音語幹　お探しです(か)。

注意　特殊な尊敬形の場合は, 通常と異なる形の取り方をする。

계시다 いらっしゃる → 계세요
드시다 召し上がる → 드세요
잡수시다 召し上がる → 잡수세요
주무시다 お休みになる → 주무세요

▶ **指定詞の尊敬の해요体**

指定詞이다, 아니다は語幹이, 아니に세요を付ける。ただし, 母音終わりの名詞に이다がつく場合, 語幹「이」が必ず省略される。

친구（母音終） ＋（ 이＋ ）세요 → 친구세요.(?)
友達　省略　お友達です(か)。

선생님（子音終） ＋ 이 ＋ 세요 → 선생님이세요.(?)
先生　先生でいらっしゃいます(か)。

사장님이 아니 ＋ 세요 → 사장님이 아니세요.(?)
社長でない　社長ではいらっしゃいません（か)。

■**練習2**■ 例のように①～⑤の表現を～세요/으세요の形にして，相手に尋ねる文にしよう。

例 어디에 가다 → 어디에 가세요? どこに行かれますか。

① 사진을 찍다 ［写真］を撮る
② 오늘 바쁘다 今日忙しい
③ 김치를 만들다 キムチを作る ➡ ㄹ語幹
④ 김 선생님이다 キム先生だ
⑤ 한국 분이 아니다 韓国の方でない

08-05

2 お～ください，～してください〔丁寧な指示〕

語幹＋세요 / 으세요の形は，丁寧な指示の意味にもなる。日本語では「お～ください」の意味になり，相手に行動を指示するときに使う。

가다　가 ＋ 세요 → 가세요.
行く　母音語幹　いらっしゃい，行ってください。

만들다　만드 ＋ 세요 → 만드세요.
作る　ㄹ語幹（ㄹ脱落）　作ってください。

받다　받 ＋ 으세요 → 받으세요.
受け取る　子音語幹　受け取ってください。

■**練習3**■ 例のように①～④の表現を～세요/으세요の形にして，相手に指示をしてみよう。

例 집에 오다 → 집에 오세요. 家に来てください。

① 열심히 공부하다 一生懸命勉強する
② 전화 받다 ［電話］を受ける
③ 많이 드시다 たくさん召し上がる ➡ 特殊な尊敬形に注意。
④ 문을 밀다 ドアを押す ➡ ㄹ語幹

08-06

8-3 用言語幹＋아/어/여　～て〔用言の連用形〕

用言語幹＋아/어/여の形を連用形と言う。作り方は，動詞・形容詞・存在詞の場合は，해요体と同じ要領である。

	語幹末が陽母音	語幹末が陰母音	하다用言
～て	語幹＋아	語幹＋어	하＋여 → 해

닫다　닫 + 아　→ 닫아 閉めて
閉める　陽母音

열다　열 + 어　→ 열어 開けて
開ける　陰母音

공부하다　공부하 + 여　→ 공부하여　→ 공부해 勉強して
勉強する　하다用言

※母音語幹の縮約形も，해요体と同じ要領である。（→ 7-2 ）

가다 行く → 가，서다 立つ → 서 など

보다 見る → 보아 → 봐，주다 与える → 주어 → 줘 など

▶ **指定詞の連用形** → 이다，아니다の語幹이，아니に어が続く。

이다　이 + 어 → 이어　　아니다　아니 + 어 → 아니어

語幹　これ以上縮約しない！　語幹　これ以上縮約しない！

■練習4■　次の語句を連用形にして言ってみよう。

① 받다 受け取る　② 먹다 食べる　③ 계산하다［計算］する

④ 기다리다 待つ　⑤ 있다 ある·いる　⑥ 보다 見る

➡ 縮約形（④）　➡ 縮約形（⑥）

08-07

8-4 動詞連用形（語幹＋아/어/여）＋주다　～てあげる，～てくれる

連用形+주다の形で「～てあげる」あるいは「～てくれる」，また，連用形+주시다の形で「～てくださる」の意味になる。

사다 → 사 주다　　생일 선물을 사 줘요.

買う　買ってあげる，買ってくれる　誕生日のプレゼントを買ってあげます(くれます)。

사 주시다　　생일 선물을 사 주십니다(주세요).
買ってくださる　誕生日プレゼントを買ってくださいます。

・連用形＋주세요　～てください

닫다	문을 닫아 주세요.	열다	창문을 열어 주세요.
閉める	ドアを閉めてください。	開ける	窓を開けてください。

注意　「(으)세요」と「連用形+주세요」はともに「～てください」と訳すが，前者は丁寧な指示，後者は通常，依頼の意味で使われる。

■ **練習5** ■　次の語句と連用形＋주세요の表現を使って，（　　）内の日本語に合うように文を作りなさい（縮約形があるものは縮約形を使うこと）。

① 좀 / 깎다 (→ ちょっとまけて（安くして）ください。)

② 가방 / 들다 (→ カバンを持ってください。)

③ 길 / 안내하다 (→ 道を［案内］してください。)

08-08

8-5　動詞連用形（語幹＋아/어/여）＋보다　～てみる

連用形+보다の形で「～てみる」の意味になる。

만들다	→ 만들어 보다		김치를 한번 만들어 봐요.
作る	作ってみる		キムチを一度作ってみましょう。

・連用形＋보세요　～てみてください，～てみてはいかがですか

놓다	여기 놓아 보세요.	먹다	이 김치를 먹어 보세요.
置く	ここに置いてみてください。	食べる	このキムチを食べてみてください。

■ **練習6** ■　日本語に合うように，（　　）内の動詞を適当な形に変えなさい。文末は해요体にしなさい（縮約形があるものは縮約形を使うこと）。

① 태권도를 (　배우다　) テコンドーを習ってみてください。

② 이 구두를 (　신다　) この靴を履いてみます。

③ 에어컨을 (　켜다　) クーラーをつけてみてください。

④ 여름 방학에 제주도에 (　가다　) 夏休みに［済州島］に行ってみます。

08-09

8-6 助詞 (6)　~로/으로

助詞の로/으로は，手段・方法・原材料を表すとき（「~で」）と，方向を表すとき（「~へ」）がある。로は母音終わりの名詞の他に，終声ㄹで終わっている名詞の後でも使われるので注意する。

	母音終わりの名詞 終声ㄹで終わる名詞	子音終わり（ㄹ以外）の名詞
~で；~へ	~로	~으로

1 ~で〔手段・方法・原材料〕

버스（母音終）　+ 로　　버스로 가요.
バス　　　　　で　　バスで行きます。

전철（終声ㄹ終）+ 로　　전철로 가요.
電車　　　　　で　　電車で行きます。

무엇（子音終）　+ 으로　무엇으로 만들어요?
何　　　　　　で　　何で作りますか。

2 ~へ，~に〔方向〕

학교로（서울로）오세요.　学校に（ソウルに）来てください。

이쪽으로 오세요.　こちらへ来てください。

■練習7■　a，bに①~③の語句を入れて言ってみよう。

（　a　）로/으로（　b　）아요/어요?

① a. 지하철［地下鉄］　　b. 학교에 가다［学校］に行く

② a. 나무 木　　b. 상자를 만들다 箱を作る

③ a. 어디 どこ　　b. 가시다 いらっしゃる　➡ 尊敬の해요体を使う

■作文練習■　次の日本語を訳しなさい。指示がない場合，文末は해요体にしなさい。

① 明日は学校に 8 時 30 分までに来てください。

➡「までに」は「まで」と訳す。

②「毎朝，何時に起きられますか。」「6時に起きます。」

③ この服（옷）はちょっと大きいです。（ 합니다体で ）　替えてください。
（ 大きい 크다，替える 바꾸다 ）

④ 韓国人の（한국인）友達を紹介してください。（ 紹介する 소개하다 ）

⑤「会社には車で行きますか。」「いいえ，地下鉄で行きます。」

➡「で」は手段

⑥ このお菓子（과자）はおいしいです。ちょっと召し上がってみてください。
（ おいしい 맛있다，召し上がる 드시다 ）

⑦「先生は今どこにいらっしゃいますか。」「今、学校にいらっしゃいません。」

⑧ よく（잘）見えませんか。こちら（이쪽）へ来てみてください。（ 見える 보이다 ）

➡「へ」は方向

08-10

語彙を増やそう（6）　食べ物に関する単語

요리[料理]，식사[食事]，음식 食べ物，메뉴 メニュー，생선（食べる）魚，소고기 牛肉，돼지고기 豚肉，닭고기《[닥꼬기]》 鶏肉，과일 果物，밥 ご飯，김치 キムチ，반찬 おかず，빵 パン，물 水，차 お[茶]，술 酒，맥주 ビール，우유[牛乳]，주스 ジュース，커피 コーヒー，숟가락 スプーン，젓가락 箸

第 9 課

過去形

09-01

会話本文

▶太郎，韓国に留学する。留学先での出来事。◀

‖授業で発表する‖

1 어제는 소라와 함께 가방과 구두를 사러 동대문 시장에 갔어요.

2 옷과 가방, 신발 등 여러 가지 물건들이 아주 많았어요.

3 나는 가방을 하나 샀어요. 가게 아저씨가 값을 좀 깎아 줬어요.

4 소라는 모자를 한 개 샀어요.

5 좀 피곤했지만 쇼핑은 아주 재미있었어요.

6 밤에 일본 친구에게 전화를 했어요.

09-02

● 発音で注意する部分 ●

2 많았어요 ➡ 마나써요

3 값을 ➡ 갑쓸

5 피곤했지만 ➡ 피고낻찌만

6 전화를 ➡ 저놔를

● 単語・語句 ●　（訳のついていない語句は自分で調べること。）

1 ◆어제______　◆소라 ソラ（人の名）　◆함께 一緒に
◆가방______　◆구두______　◆사다______
◆러 ～（し）に（語尾）　◆동대문 시장［東大門市場］（ソウルにある市場）
◆갔 ＞가＋았　◆았 ～た（過去）〔cf. 었, 였〕

2 ◆옷______　◆신발 履き物, 靴　◆등 ～など　◆여러 가지 いろいろ
◆물건 品物　◆들（複数を表す語）～たち　◆아주 とても
◆많다______

3 ◆나 私, 僕　◆샀 ＞사＋았　◆가게______　◆아저씨 おじさん
◆값 値段　◆좀 少し, ちょっと　◆깎아 ＞깎다　◆깎다 値切る；削る
◆줬 ＞주＋었　◆아 주다 ～てくれる, ～てあげる
◆었 ～た（過去）〔cf. 았, 였〕

4 ◆모자______　◆개 ～［個］（助数詞）

5 ◆피곤했 ＞피곤하＋였　◆피곤하다 疲れている（形容詞）
◆였 ～た（過去）〔cf. 았, 었〕　◆지만 ～けれど, ～が（語尾）
◆쇼핑 買い物, ショッピング
◆재미있다 おもしろい〔cf. 재미없다 おもしろくない〕

6 ◆밤______　◆일본______　◆에게（人・動物）～に（助詞）
◆전화______　◆했 ＞하＋였

09-03

9-1　過去形　語幹＋았/었/였　～た

過去を表す補助語幹았/었/였は해요体や連用形と同じく, 用言の語幹末の母音によって形を使い分ける。また, これらの補助語幹のあとに합니다体, 해요体などの各種語尾がつく。なお, 해요体の語尾は어요のみがつく。

	語幹末が陽母音	語幹末が陰母音	하다用言
～た	語幹＋았–	語幹＋었–	하＋였– → 했–

받다　　받 ＋ 았 ＋ ｛어요 → ｛받았어요.
　　　　　　　　　　｛습니다　｛받았습니다.

陽母音だが、어요がつく

受け取る　陽母音　過去　語尾　受け取りました。

먹다　　먹 + 었 + 어요 → 먹었어요.
　　　　　　　　　습니다 → 먹었습니다.
食べる　　陰母音　過去　　語尾　　食べました。

공부하다　공부하 + 였 + 어요 → 공부하였어요.
勉強する　하다用言　過去　語尾　　→ 공부했어요.
勉強しました。

▶ **過去形の縮約形** → 動詞･形容詞のときの縮約の方法は해요体･連用形と同じ（→ 7-2,
8-3）

가다（行く）→ 갔어요　　서다（立つ，止まる）→ 섰어요
보다（見る）→ 보았어요 → 봤어요　　오다（来る）→ 왔어요
마시다（飲む）→ 마시었어요 → 마셨어요

▶ **否定と過去**　否定の後に過去の表現が続く。

～지 않았습니다　　가지 않았습니다. 行きませんでした。
～지 않았어요　　가지 않았어요. 行きませんでした。

▶ **指定詞の過去形**

이다の場合は母音終わりの名詞が来る場合は名詞の後に였が，子音終わりの名詞が来る場合は指定詞語幹이の後に었が来る。아니다の場合は，語幹아니の後に었がくる。

얼마이다　　얼마 + 였 + 어요?　　→ 얼마였어요?
いくらだ　　母音終わり　　いくらでしたか。

학생이다　　학생이 + 었 + 습니다　→ 학생이었습니다.
［学生］だ　　子音終わり　　学生でした。

학생이 아니다 → 학생이 아니었어요.
［学生］ではない　　学生ではありませんでした。

注意　母音終わりの名詞の場合，이었が縮約されて였となるが，子音終わりの名詞と아니다の場合は縮約されないので注意。

■練習1■ 次のa, bの部分に①〜⑤の語句を適当な形にして入れなさい。(縮約形があるときは，縮約形にすること。)さらに，完成した文を日本語に訳しなさい。

A：(a)았/었/였어요?　　B：(b)았/었/였습니다.

① a. 어제 어디 가다　　b. 설악산에 가다
［雪岳山］

② a. 점심 먹다　　b. 아니요. 안 먹다
昼ご飯

③ a. 복습하다　　b. 아니요. 하지 않다
［復習］

④ a. 얼마이다　　b. 5만 원이다

⑤ a. 토요일에 무엇을 하다　　b. 영화를 보다

09-04

▶尊敬補助語幹시/으시の過去形

尊敬の形のあとに過去の形を付ける。この場合は，시/으시が陰母音で終わるので，시었/으시었となるが，通常はこれが縮約され，셨/으셨と表記・発音される。決して셨/으셨とはならないので注意すること。また，ㄹ語幹の用言は語幹末の終声ㄹが脱落するので注意する。

오다	오	+	셨	+	어요	선생님이 오셨어요.
来る	母音語幹		尊敬・過去		ます	先生が来られました。
만들다	만드	+	셨	+	어요	김치를 만드셨어요?
作る	ㄹ語幹(ㄹ脱落)		尊敬・過去		ますか	キムチを作られましたか。
받다	받	+	으셨	+	습니까	편지를 받으셨습니까?
受け取る	子音語幹		尊敬・過去		ますか	手紙を受け取られましたか。

注意 特殊な尊敬形드시다，잡수시다，주무시다，계시다は語幹末の시と었が縮約され，드셨，잡수셨，주무셨，계셨という形になる。

드시다	드시 + 었 → 드셨	무엇을 드셨어요?
召し上がる	過去	何を召し上がりましたか。

■ **練習2** ■　次の（　　　）の部分に①～④の表現を適当な形にして入れなさい。
（縮約形があるときは，縮約形にすること。）

（　　　　）셨/으셨습니까?

① 언제 오다　いつ来る

② 사진 많이 찍다　［写真］たくさん撮る

③ 어제 댁에 계시다　昨日お宅にいらっしゃる

④ 아침에 무엇을 드시다　朝，何を召し上がる

09-05

9-2　用言語幹＋지만　～が，～けれども〔逆接〕

逆接や前提など日本語の「～が，～けれども」とよく似た使い方をする語尾。用言（指定詞も含む）の語幹のほか，過去形（～았/었/였），未来意志形（→ 10-2 ）の後にも付く。

맵다 辛い	→ 맵 + 지만 語幹	맵지만 맛있어요. 辛いですがおいしいです。
보았다 見た（過去）	→ 보았 + 지만 過去形	그 영화를 보았지만 재미없었어요. その映画を見ましたが，面白くありませんでした。

■ **練習3** ■　次の a，b の部分に①～③の語句を適当な形にして入れなさい。さらに完成した文を訳しなさい。

（ a ）지만（ b ）아요/어요.

例　a. 맵다　　b. 맛있다　　→ 맵지만 맛있어요.
辛いですがおいしいです。

① a. 한국어는 어렵다（難しい）　b. 재미있다

② a. 이 가방은 싸다（安い）　b. 너무 작다（あまりに）

③ a. 카메라를 샀다（買った）　b. 좀 비쌌다（少し高い）

09-06

9-3 動詞語幹＋러/으러　～(し)に〔移動の目的〕

移動の目的を表す語尾。러/으러の後ろには가다（行く），오다（来る）が続くことが多いので，러/으러 가다(오다)の形で覚えておくとよい。

	母音語幹，ㄹ語幹*	子音語幹
～(し)に	～러	～으러

＊ㄹ語幹の場合でも終声ㄹは脱落しない

공부하다	→ 공부하 + 러	한국어를 공부하러 왔어요.
勉強する	母音語幹	韓国朝鮮語を勉強しに来ました。
팔다	→ 팔 + 러	야채를 팔러 시장에 갔어요.
売る	ㄹ語幹	［野菜］を売りに［市場］へ行きました。
받다	→ 받 + 으러	서류를 받으러 사무실에 가요.
受け取る	子音語幹	［書類］を受け取りに［事務室］に行きます。

■ **練習4** ■　次のa，bの部分に①～③の語句を適当な形にして入れなさい。

（　a　）러/으러（　b　）아요/어요.

① a. 밥을 먹다 ご飯を食べる　　b. 식당에 가다［食堂］に行く

② a. 영어를 배우다［英語］を学ぶ　　b. 학원에 다니다 塾に通う

③ a. 통장을 만들다［通帳］を作る　　b. 은행에 갔다［銀行］に行った

09-07

9-4 助詞（7）에게，한테；에게서，한테서；尊敬の助詞

1 ～에게，한테 ～に；～에게서，한테서 ～から〔人・動物を表す語に付く〕

人や動物を表す語の後では，「に」「から」にあたる助詞は，에게，에게서あるいは한테，한테서を使う。한테，한테서は話し言葉で使われ，에게，에게서は話し言葉でも書き言葉でも使われる。에，에서との違いに注意すること。

친구에게(한테) 선물을 주었어요.　友だちにプレゼントをあげました。
×친구에

친구에게서(한테서)* 선물을 받았어요.　友だちからプレゼントをもらいました。
×친구에서　＊친구에게(한테)とも言える。

注意

日本語の「に」「から」に当たる助詞はいろいろある。使い分けに注意しよう。

	人や動物	事物や場所	時間や順番
～に	에게/한테	에	
～から	에게서/한테서	에서	부터

2 尊敬の助詞

韓国朝鮮語の場合，一部の助詞に尊敬形があり，目上の人について述べるときに使う。必ず使う必要はないが，使うとより丁寧な表現になる。

가/이 が → 께서 が/におかれまして　　에게 に → 께 に

는/은 は → 께서는 （におかれまして）は

선생님께 선물을 드렸어요. 先生にプレゼントをさしあげました。

사장님께서는 지금 회의중이십니다. 社長は今[会議中]でいらっしゃいます。

■ 練習5 ■ 例のように，語句を使って日本語に合う文を作りなさい。文末は해요体にすること。

例 친구/편지/보내다 友達に手紙を送りました。

→ 친구에게/친구한테 편지를 보냈어요.

① 학교/서류/보내다 学校に書類を送りました。

② 친구/편지/오다 友達から手紙が来ました。

③ 선생님/편지/보내다/주시다 先生が手紙を送ってくださいました。
（尊敬の助詞を使って）

09-08

9-5 人称代名詞

一人称	二人称	疑問・不定
나 ぼく、私、俺 저 私（わたくし）	너 おまえ 　あんた	누구 誰 　誰か
우리 われわれ、私たち 저희 私ども	너희 おまえたち	

▶人称代名詞の形の変化

後ろの助詞の種類によって形が変わる点に注意する。

(1) 나(私,ぼく), 저(私), 너(おまえ), 누구(誰)は, 助詞の가(が)が後ろに続くときに形が変わる。

나, 저, 너, 누구 + 가 → 내가, 제가, 네가, 누가

私が, 私が, おまえが, 誰が

이 책은 제가 샀어요.　この本は私が買いました。

누가 왔어요?　誰が来たんですか。

(2) 나, 저, 너は, 助詞の의(の)が後ろに続くとき縮約形になる。

나, 저, 너 + 의 → 내, 제, 네

私の, 私の, おまえの

내 가방　私のカバン　　제 연필　私の[鉛筆]　　네 책　おまえの本

(3) 나, 저, 너は,助詞の에게, 에게서(に, から)が後ろに続くとき縮約形になる。

나, 저, 너 + 에게(서) → 내게(서), 제게(서), 네게(서)

제게 하나 주세요.　私に一つください。

(4) 나, 저の代わりにしばしば우리(私たち)を使う。

우리 어머니	우리 학교	우리 나라
私のお母さん(母)	私の[学校]	私の国, 我が国

09-09

9-6 用言語幹＋네요　～ですね(よ), ～ますね(よ)〔気づき, 発見〕

何かに気づいたり, 発見して驚きを感じたときに使う表現。尊敬形（～시/으시）, 過去形（～았/었/였）, 未来意志形（～겠 10-2）の後にも付く。

한국어를 공부하시네요.　韓国朝鮮語を勉強されているんですね。

같이 오셨네요.　一緒に来られたんですね。

■ **作文練習** ■　次の日本語を訳しなさい。指示がない場合，文末は해요体にしなさい。

① ピアノ（피아노）はいつ（언제）習われましたか。（ 習う 배우다 ）（ 합니다体で ）

② 「アメリカ（미국）には何年（년）いらっしゃいましたか。」「5年間（동안）いました。」

③ 韓国朝鮮語（한국어）お上手ですね。どこで勉強されましたか。　（ 上手だ 잘하다 ）

➡「〜ね」は気づき・発見の表現

④ この本はおもしろいけれど，高すぎます。（ 〜すぎる 너무〜 ）

⑤ 「この財布（지갑）はいくらでしたか。」「15 万ウォンでした。」

⑥ 今日は資料（자료）を探しに図書館（도서관）に来ました。（ 探す 찾다 ）

（ 합니다体で ）

⑦ 「昨日は何をしましたか。」「友達に日本語（일본어）を教えてあげました。」

（ 教える 가르치다 ）

⑧ 高麗人参茶（인삼차）を飲みましたが，おいしくありませんでした。

（ おいしくない 맛이 없다 ）

⑨ キム社長（김 사장님）によろしくお伝えください。

（ よろしく伝える 안부 전하다 ）（ 尊敬の助詞を使って ）

09-10

語彙を増やそう（7） 時に関する言葉（2）

일주일《일쭈일》 一週間，주말［週末］，지난주 先週，이번 주《이번쭈》 今週，다음 주《다음쭈》 来週，

지난달 先月，이번 달《이번딸》 今月，다음 달《다음딸》 来月，봄 春，여름 夏，가을 秋，겨울 冬，

계절［季節］，작년 去年･［昨年］，올해 今年，내년［来年］

文化からみた韓国と日本

2000年代初頭に「韓流」ブームが起こって以降，日本では韓国文化がとても身近なものになりました。いまでは，ブームが起こった頃のような熱気はないように見えますが，テレビをつければ韓国ドラマが放映され，音楽シーンではK-POPに普通に接することができ，映画館やDVD/ブルーレイでも韓国映画を見ることができます。

「韓流」ということばはもともと中国語圏で生まれた用語です。20世紀末に中国，台湾，香港で韓国のドラマ，音楽などのブームが始まったのでした。21世紀になり，そのようなブームが東南アジア，そして日本へと広がってきたのです。NHK（日本放送協会）の地上波テレビで「冬のソナタ（겨울연가）」が放送されて以降，「ヨン様」（主役の俳優ペ・ヨンジュンのこと）ブームが起こったことは記憶に新しいところです。その後，「韓流」はアジア全域，アメリカ大陸，ヨーロッパへと広がりました。このような広がりのなか，「韓流」コンテンツも多様になりました。韓国を旅する人も大幅に増え，いまでは，韓国に直接訪れて生活文化を知りたいと思う人も多いのではないでしょうか。

日本と朝鮮半島の間の関係は，古くから密接なものがありました。ときには政治・外交的な葛藤がありながらも，文化交流はいろいろな形で続いてきたのです。実は，20世紀にはいまの「韓流」ブーム以前にも，韓国文化がブームになった時代がありました。もちろん流行の中身は現在とは異なりますし，インターネットなどのメディアの普及もなかったので，規模も今よりは小さかったですが，「韓流」受容の素地はすでにこのときにできあがっていたといえます。韓国朝鮮語の学習もこの頃から一般的になり始めました。

一方，韓国における日本文化受容の歴史も古いものがあります。すでに1960年代以降，日本の文学作品，音楽，漫画，アニメなどが受容されたほか，街には和食の店や日本語を教える学校ができ，日本の大衆雑誌が普通に書店に並びました。韓国における日本文化受容の基盤は，この時期にできあがったといってもよいでしょう。今日でも大型書店では日本の書籍が陳列され，ケーブルテレビでは日本のドラマ，映画，アニメを放送する専門チャンネルが存在しますし，繁華街では、日本食を出す食堂や日本風の居酒屋も存在します。日本文化は今やありふれたものになりました。

文化に対する関心は，相手の生活に対する関心にもつながります。その関心を満たすには，お互いの交流が必要でしょう。情報を得，また交流するにもことばの学習が大いに役立ちます。みなさんもぜひ，韓国朝鮮語を通して，韓国，そして朝鮮半島の文化に対して関心を持っていただければと思います。

第 10 課

連体形 ①

10-01

会話本文

‖インターネット上で，音楽サイトを見ながら‖

1 소라： 요즘 이 노래가 유행하고 있어요.

2 다로： 처음 듣는 노래네요. 노래 제목이 뭐예요?

3 소라： “광화문 연가”예요. 옛날에도 인기가 있던 노래예요.

4 다로： 그래요? 언제쯤 히트한 노래예요?

5 소라： 우리 아빠가 대학생 때 아주 좋아하시던 노래예요.

6 그런데 발음 연습에는 노래를 부르는 것도 좋아요.

7 다로： 그럼, 우리 같이 노래방에 가요. 열심히 연습하겠습니다.

10-02

● 発音で注意する部分 ●

2 듣는 ➡ 든는　뭐예요 ➡ 뭐에요

3 광화문 연가 ➡ 광와문년가　옛날 ➡ 옌날　인기 ➡ 인끼

5 좋아하시던 ➡ 조아하시던　6 발음 연습 ➡ 바름년습 ➡ 巻末「発音のまとめ」参照

좋아요 ➡ 조아요　7 같이 ➡ 가치　열심히 ➡ 열씨미

연습하겠습니다 ➡ 연스파게씀니다

● 単語・語句 ●

1 ◆요즘______　◆노래______　◆유행하다「流行」する

◆고 있다 ～ている

2 ◆처음______　◆듣는＝듣＋는　◆듣다______

◆는 ～する～，～している～（連体形の語尾）　◆네요 ～ですね

◆제목 タイトル，［題目］　◆뭐 何（무엇の縮約形）

3 ◆광화문 연가［光化門恋歌］（歌のタイトル）　◆옛날______　◆인기［人気］

◆있던＝있＋던〔cf. 있었던〕　◆있다______　◆던 ～た；～していた

4 ◆그래요? そうですか　◆언제______　◆쯤 ごろ

◆히트한＝히트하＋ㄴ　◆히트하다 ヒットする　◆ㄴ ～した～〔cf. 은〕

5 ◆우리______　◆아빠______　◆대학생______　◆때 時

◆아주 とても　◆좋아하시던＝좋아하＋시＋던〔cf. 좋아하셨던〕

◆좋아하다______

6 ◆그런데 ところで　◆발음［発音］　◆연습［練習］

◆것 ～の，こと；もの　◆좋다______

7 ◆그럼 では　◆노래방 カラオケボックス　◆열심히 一生懸命に

◆연습하겠습니다＝연습하＋겠＋습니다　◆연습하다［練習］する

◆겠（意志を表す補助語幹）

10-1 用言の連体形（1）　現在連体形

連体形は用言が後の名詞を修飾する場合の形である。現在・過去・回想・未来の４種類の連体形が存在するが，品詞によってそれぞれの形が異なるので注意して覚えたい。

10-03

1 動詞・存在詞　語幹＋는　～する…，～している…

現在行われている（存在する）事柄，習慣，一般的な事実を表す。存在詞は있다，없다，계시다。ㄹ語幹の動詞は語幹末の終声ㄹが脱落する。

	母音語幹	ㄹ語幹	子音語幹
～する…，～している…	語幹＋는　（ㄹ語幹はㄹ脱落）		

유행하다 → 유행하 + 는　지금 유행하는 노래
[流行]する　今[流行]している歌

팔다 ㄹ語幹 → 파 + 는　케이크를 파는 가게
売る　ㄹ脱落　ケーキを売る店

있다 存在詞 → 있 + 는　저기 있는 사람
いる・ある　➡ 発音に注意（鼻音化）　あそこにいる人

■練習1■ 例のようにaの用言を現在連体形にして，bの語句と結びつけて言ってみなさい。さらに，結び付けた語句・文を訳しなさい。

例 a. 저기 있다　b. 사람 → 저기 있는 사람

① a. 저기 보이다　b. 건물
見える

② a. 어제 재미있다　b. 드라마를 보았어요.
おもしろい　ドラマ

③ a. 늘 먹다　b. 음식
いつも ➡ 鼻音化に注意。

④ a. 오늘은 놀다　b. 날이에요?
休む

注意　재미있다，재미없다など，있다，없다の複合語は，意味は形容詞と似ているが，連体形は存在詞の形を取る。

10-04

2 形容詞・指定詞　語幹＋ㄴ/은　～な…，～の…

事物の状態や性質を示す。動詞・存在詞と異なり，語幹の種類で形が違うので注意する。

	母音語幹	ㄹ語幹	子音語幹
～な…，～の…	語幹＋ㄴ	語幹（ㄹ脱落）＋ㄴ	語幹＋은

싸다 → 싸 + ㄴ → 싼　좀 더 싼 것은 없어요?
安い　母音語幹　もう少し安い物はありませんか。
➡ 좀 더は直訳すると「少しもう」。日本語と順番が逆になる。

길다 → 기 + ㄴ → 긴　우리 대학은 역사가 긴 대학입니다.
長い　ㄹ語幹（ㄹ脱落）　わたしの[大学]は[歴史]の長い[大学]です。

작다 → 작 + 은 → 작은　좀 더 작은 것은 없어요?
小さい　子音語幹　もう少し小さい物はありませんか。

친구이다 → 친구이 + ㄴ → 친구인　친구인 이시이 씨예요.
友だちだ　指定詞이다　友達の石井さんです。

■ **練習2** ■ 例のようにaの形容詞・指定詞を現在連体形（語幹＋ㄴ/은）にし，bの語句と結びつけて言ってみよう。さらに，その文を訳しなさい。

例 a. 좀 더 싸다　　b. 깃 → 좀 더 싼 것

① a. 선생님은 달다　　b. 과자를 좋아하세요.
甘い　　お[菓子]

② a. 봄에는 예쁘다　　b. 꽃이 핍니다.
春　きれいだ　　花　咲く

③ a. 대학생이다　b. 딸이 있습니다.
娘

④ a. 저하고 같다　b. 옷을 입어요.
同じだ

10-2 用言の連体形（2）　過去連体形

10-05

1 動詞　語幹＋ㄴ/은　～(し)た…

すでに実現した行為・変化を表す。形容詞・指定詞の現在連体形と同じ形になるが，意味は異なるので注意。

	母音語幹	ㄹ語幹	子音語幹
～(し)た…	語幹＋ㄴ	語幹（ㄹ脱落）＋ㄴ	語幹＋은

오다 → 오 + ㄴ → 온　　한국에서 온 사람
来る　母音語幹　　[韓国] から来た人

울다 → 우 + ㄴ → 운　　큰 소리로 운 새
泣く，鳴く　ㄹ語幹（ㄹ脱落）　　大きい声で鳴いた鳥

받다 → 받 + 은 → 받은　　어제 받은 선물
もらう　子音語幹　　昨日もらったおみやげ

■ **練習3** ■ 例のようにaの動詞を過去連体形にして，bの語句と結びつけて言ってみなさい。さらに，結び付けた語句・文を訳しなさい。

例 a. 한국에서 오다　b. 친구　→ 한국에서 온 친구　韓国から来た友達

① a. 치마를 입다　b. 여자　　② a. 전화를 걸다　b. 사람
かける

③ a. 작년에 서울에서 묵다　　b. 호텔은 깨끗했어요.
去年　　泊まる　　きれいだ

➡ 작년と깨끗하다の発音に注意。작년に에が付いていることも注意。

④ a. 아까 길에서 만나다　　b. 여학생은 제 동생이에요.
さっき　　女子学生　私の

10-06

2 存在詞・形容詞・指定詞　語幹＋던〔語幹＋았/었/였던〕～た…

すでに生じた状態や性質を示す。話し言葉では，過去形（았/었/였）に던がついた形がよく使われる。

～た…	語幹＋던（語幹＋았/었/였던）

없다　→ 없 ＋ 던　　아까 없던（없었던）사람
ない，いない　　さっきいなかった人

따뜻하다　→ 따뜻하 ＋ 던　　따뜻하던（따뜻했던）날씨
暖かい　　暖かかった天気

■練習4■　例のように，aの存在詞・形容詞・指定詞を過去連体形にして，bの語句と結びつけて言ってみなさい。さらに，結び付けた語句・文を訳しなさい。

例 a. 아까 없다　b. 사람　→ 아까 없던(없었던) 사람

① a. 옛날에는 비싸다　　b. 바나나가 요즘은 아주 싸요.
昔　　バナナ

② a. 어제는 많다　　b. 손님이 오늘은 별로 없어요.
客　　あまり

③ a. 학교 운동장 앞에 있다　　b. 나무가 죽었어요.
［運動場］　　木　　枯れる

10-07

10-3 用言の連体形（3）　回想連体形　動詞語幹＋던　～た…

動詞のみで，主として現在は行っていない過去の（継続した）行為に対して使われる。存在詞・形容詞・指定詞の過去連体形と同じ形となるが意味は異なるので注意。

～(し)た…，～(し)ていた…	語幹＋던（語幹＋았/었/였던）

가다 → 가 + 던　　　자주 가던 (갔던) 서점
行く　　　　　　　　よく行っていた［書店］

살다 → 살 + 던　　　내가 살던 (살았던) 동네
住む　ㄹ語幹（ㄹ脱落せず）　私が住んでいた町

■練習5■　例のように，（　　）の中の用言を回想連体形～던 または～았/었/였던の形にして語句・文を完成させ，さらに，その語句・文を訳しなさい。

例 자주 (가다) 서점 → 자주 가던/갔던 서점

① 중학교 때 (입다) 교복
制服

② 늘 (사용하다) 볼펜을 잃어버렸어요.
使う　なくす

③ 제가 (살다) 집은 지금은 없어요.

10-4 用言語幹＋겠〔未来意志形の補助語幹〕

10-08

補助語幹 겠は，話し手の意志（疑問文では相手の意志）や，推量などを表す。用言（指定詞も含む）の語幹のほか，尊敬の시/으시や過去の았/었/였の後ろに付く。日本語にはない表現なので，例文を参考にして使い方を覚えよう。

（1）～する，～するつもりだ〔意志・意向〕

가다 → 가 + 겠 + 습니다　　　빨리 가겠습니다.
行く　語幹　未来意志　語尾　　　早く行きます。

오다 → 오 + 시 + 겠 + 습니까　　　언제 오시겠습니까?
来る　語幹　尊敬　未来意志　語尾　　　いつ来られますか。

（2）～だろう〔推量・将然性（まさに起ころうとしている）〕

내일 비가 오겠습니다.　明日雨が降るでしょう。（天気予報で）
약간 늦겠습니다.　少し遅くなりそうです。

（3）控えめな気持ち，慣用的表現

잘 모르겠습니다.　よくわかりません。
알겠습니다.　わかりました。

■ 練習6 ■ 次のa, bに①②の表現を適当な形に変えて入れて言ってみよう。さらに文を訳しなさい。

A：（ a ）시겠습니까?　　B：（ b ）겠어요.

① a. 뭘 먹다 ➡ 特殊な尊敬形に注意。　　b. 저는 냉면을 먹다

② a. 계속 기다리다　　b. 오늘은 그냥 돌아가다
　　ずっと　　　　　　　　そのまま　帰る

▶ 補助語幹のまとめ

尊敬を表す시/으시, 過去を表す았/었/였, 意志や推量を表す겠は, いずれも用言の語幹と습니다, 어요などの語尾の間に入る言葉である。このような言葉を補助語幹という。3つの補助語幹は前から①시/으시 ②았/었/였 ③겠の順番で続く。逆の順番になることはない。

받 + 으시 + 었 + 겠 + 어요 → 받으셨겠어요.
用言語幹　尊敬　過去　未来意志　語尾　　受け取られたでしょう。

10-09

10-5 動詞語幹＋고 있다/계시다　～ている, いらっしゃる〔進行形〕

日本語の「ている」にあたる表現で, 動作や心理的状態などが継続していることを表す。

배우다 → 배우 + 고 있다　한국어를 배우고 있습니다.
習う　　　　　　　　　　　韓国朝鮮語を習っています。

읽다 → 읽 + 고 계시다　무슨 책을 읽고* 계세요?　＊発音は［일꼬］
読む　　　　　　　　　　何の本を読んでいらっしゃいますか。

注意
特殊な尊敬形になる用言の場合は, 特殊な尊敬形に고 계시다が付く。
무엇을 드시고 계십니까?　何を召し上がっていらっしゃいますか。

■ 練習7 ■ 次のa, bの部分に①～②の表現を適当な形に変えて入れなさい。完成した文を訳しなさい。

A：（ a ）고 계세요?　　B：（ b ）고 있어요.

① a. 어디에 살다　　b. 인천에 살다　インチョン（[仁川]）

② a. 무엇을 만들다　　b. 잡채를 만들다　チャプチェ

■ **練習8** ■ a, b, cに①～②の語句を適当な形に変えて入れ，会話を完成させよう。aの動詞・存在詞は指示に従って形を変えなさい。完成した文を訳しなさい。

A：지금 뭘* 하고 계십니까?　*뭘は무엇을の縮約形（→ 16-6 ）

B：（ a ）（ b ）를/을 （ c ）고 있어요.

① a. 옛날에 좋아하다（回想連体形にして）　b. 음악 CD(시디)　c. 찾다

② a. 시장에서 사다（過去連体形にして）　b. 사과　c. 먹다

③ a. 도서관에 가다（現在連体形）　b. 길　c. 알아보다
調べる

■ **作文練習** ■ 次の日本語を訳しなさい。指示がない場合，文末は해요体にしなさい。

① たばこ（담배）を吸うの（것）は身体（몸）によくありません。たばこが嫌いな人も多いです。
（吸う 피우다，～が嫌いだ ～를 / 을 싫어하다，多い 많다）

② これは昨日チョン・ユミ（정유미）さんが私にくれたキムチ（김치）です。

③ あそこにある人形（인형）をちょっと見せてくださいますか。（見せる 보이다）（겠を使って）

④ 韓国で食べていた食べ物（음식）がなつかしいです。（なつかしい 그립다）（합니다体で）

⑤ ここにあったカメラ（카메라）は誰が（누가）持っていますか?（持つ 갖다）

⑥ 親しかった友達が中国（중국）に留学します。（親しい 친하다，留学する 유학을 가다）

⑦ 日本にも一度（한번）来てください。私が案内します。
（案内する 안내하다）（겠を使って）（합니다体で）

⑧ この歌を歌った歌手は誰ですか。（歌う 부르다）

10-10

語彙を増やそう（8） 疑問詞，接続詞

무엇 何，어디 どこ，언제 いつ，누구 誰，얼마 いくら，몇 何～，왜 なぜ，무슨 何の，어떤 どんな，어떻게 どのように，何のために，그럼 では，それでは，그런데 ところで，그리고 それから，そして，그렇지만 そうだが，だけども，그러나 しかし，그래서 それで，그러니까 だから，그러면 そうならば，それなら

第 11 課

連体形 ②, 推量, 不可能, 希望

11-01

会話本文

‖学校で‖

1 다로 : 소라 씨, 오늘 시간 있어요? 역 앞에 있는 대형 마트에 같이 가요. 살 물건이 있어요.

2 소라 : 저도 한번 가 보고 싶었어요. 그런데 오늘은 셋째 주 월요일이죠? 아마 마트가 쉴 거예요.

3 다로 : 그래요? 그럼 내일 가요.

4 소라 : 미안해요. 내일은 약속이 있어서 같이 못 가요. 모레는 어때요?

5 다로 : 좋아요. 학교에서 만나서 가요.

11-02

● 発音で注意する部分 ●

1 같이 ➡ 가치

2 셋째 주 ➡ 섿째쭈　쉴 거예요 ➡ 쉴꺼에요

4 미안해요 ➡ 미아내요　5 좋아요 ➡ 조아요

● 単語・語句 ●

1 ◆오늘______　◆시간______　◆역______　◆앞 ～の前

◆있는＝있＋는（現在連体形）　◆대형 마트［大型］スーパー

◆같이______　◆가요 行きましょう　◆살＝사＋ㄹ　◆사다______

◆ㄹ ～する～〔cf. 을〕　◆물건______

2 ◆한번______　◆가 보고 싶었어요 > 가+아 보+고 싶+었+어요

◆아 보다 ~てみる〔cf. 어 보다〕　◆고 싶다 ~したい　◆그런데 ところで

◆셋째 주 第3週目(の) > 셋 三つ, 三つの　째 ~番目　주[週]

◆월요일______　◆죠 ~でしょ, ですね(지요の縮約形)

◆아마 たぶん, おそらく　◆쉴 > 쉬+ㄹ　◆쉬다 遊ぶ;休む

◆거예요 것이에요の縮約形　◆ㄹ 것이다 ~だろう

3 ◆그래요? そうですか。　◆그럼 それでは,じゃあ　◆내일______

4 ◆미안하다 すまない　◆약속______　◆어서 ~て(語尾)〔cf. 아서, 여서〕

◆못 ~できない〔cf. 지 못하다〕　◆모레 あさって　◆어때요? どうですか。

5 ◆만나서 > 만나+아서　◆아서 ~て〔cf. 어서, 여서〕　◆만나다______

11-03

11-1 用言の連体形(4)　未来連体形　語幹+ㄹ/을　~する…, ~な…

まだ実現していない事柄を表すときに使われる。また, 慣用的な表現 (~ㄹ/을 때 ~するとき, ㄹ/을 뿐 ~するだけ, など) においても使われる。すべての用言で同じ形のとり方をする。

	母音語幹	ㄹ語幹	子音語幹
~する…, ~な…	語幹+ㄹ	語幹(ㄹ脱落)+ㄹ	語幹+을

오다 → 오 + ㄹ → 올　다음 주*에 올 사람　*[다음쭈]と発音
来る　母音語幹　来週来る人

길다 → 기 + ㄹ → 길　이야기가 길 때
長い　ㄹ語幹(ㄹ脱落)　話が長いとき

있다 → 있 + 을 → 있을　집에 있을 예정
ある・いる　子音語幹　家にいる[予定]

■練習1■ 例のようにaの用言を未来連体形にして, bの語句と結びつけて言ってみなさい。さらに, 結び付けた語句・文を訳しなさい。

例 a. 집에 있다　b. 예정이에요.　→　집에 있을 예정이에요.
家にいる予定です。

① a. 저한테는 결혼하다　b. 남자가 있어요.
[結婚]する　男性

② a. 젊다　　b. 때 열심히 공부하세요.
若い　　一生懸命

③ a. 전철보다 택시가 빠르다　　b. 경우가 있어요.
より　　早い　　場合

④ a. 내일은 집에서 일본 요리를 만들다　　b. 예정이에요.
料理

注意　「때」や「뿐」が「〜(し) たとき/だけ」のように過去の表現をとる際は，過去連体形ではなく，「語幹+았/었/였을 때/뿐」となる。
한국에 갔을 때　韓国に行ったとき

11-04

11-2 用言語幹+ㄹ/을 것이다 (=未来連体形+것이다)
〜だろう，はずだ〔推量〕；〜つもりだ〔話し手の意志〕

推量や話し手の意志を表す表現。他の連体形（過去連体形など）に것이다が続くときはそういう意味にならない。会話ではㄹ/을 것입니다，ㄹ/을 것이에요の縮約形ㄹ/을 겁니다，ㄹ/을 거예요という形がよく使われる。1人称主語の場合は「〜つもりだ」という話し手の意志を表すことに注意する。

가다　→ 갈 것이다*　→ 갈 것입니다, 갈 겁니다
行く　行くだろう（つもりだ）　行くでしょう（行くつもりです）
母音語幹　*未来連体形の後の것は[껃]と濃音化する。

알다　→ 알 것이다　→ 알 것이에요, 알 거예요
知っている　知っているはずだ　知っているはずです
ㄹ語幹

있다　→ 있을 것이다　→ 있을 것이에요, 있을 거예요
ある　あるはずだ　あるはずです
子音語幹

■練習2■　次の語句に（　　）の中の形をつけて言ってみよう。さらに，完成した文を訳しなさい。

例 선생님은 연구실에 계시다 (ㄹ/을 겁니다)
→ 선생님은 연구실에 계실 겁니다.
先生は［研究室］にいらっしゃるはずです。

① 이노우에 씨는 금방 오다 (ㄹ/을 겁니다)
すぐに

② 주말에는 사람이 많다 (ㄹ/을 거예요)
［週末］

③ 오늘 저녁에 전화를 걸다 (ㄹ/을 거예요)
かける

11-05

11-3 ㄹ語幹の用言 (復習)

ここでは，ㄹ語幹の用言の特徴をまとめて，もう一度確認しておく。

(1) **ㄹ語幹の用言とは** (➡ 3-2)

語幹末音節が終声のㄹで終わる用言すべて： 살다 (住む、生きる)，알다 (知る)，만들다 (作る)，길다 (長い)，멀다 (遠い)，팔다 (売る) など

(2) **ㄹ語幹の用言の特徴**

1) **(子音で終わる語幹であるのに) 母音語幹と同じ形の語尾が付く**

たとえば러/으러 (〜しに) の場合，母音語幹に付く形である러が付く。

살다	살 + 러	외국으로 살러 간 친구
住む	〜(し) に	外国に移り住んだ友達

2) **ㄴ，ㅅ，ㅂ，終声ㄹで始まる語尾・補助語幹が続くとき，**語幹末の終声ㄹが脱落する。

살다	사 + 세요	어디에 사세요?
	〜されま (か)	どこにお住まいですか。
	사 + ㅂ니다	도쿄에 삽니다.
	〜です，ます	東京に住んでいます。
	사 + ㄹ	4월부터 살 집
	〜する…(未来連体形)	4月から住む (予定の) 家
	사 + 는	부산에 사는 사람
	〜する…(現在連体形)	プサンに住んでいる人

注意

終声ㄹで始まる語尾が続くときは，語幹末のㄹが脱落する。しかし，初声のㄹで始まる語尾 (러，려고など) が続くときは，語幹末のㄹは脱落しない。

〜려고 〜しようと → 살려고 住もうと

➡ 母音語幹，ㄹ語幹には－려고，子音語幹には－으려고がつく。

■ **練習3** ■　例のように，（　　　）の中の用言と語尾を適当な形に変えて語句・文を完成させなさい。さらに完成した語句・文を訳しなさい。

例 어디에 (살다 + 세요/으세요)? → 어디에 **사세요**?

① 전화를 (걸다 + ㄹ/을) 때
　　　　掛ける

② (멀다+ㄴ/은) 나라에서 온 사람
　　遠い　　　国

③ 가토 씨를 (알다 + 세요/으세요)?
　　　　　知る

④ (울다 + 는) 얼굴보다 웃는 얼굴이 예쁩니다.
　　　　　顔より　笑う　　　きれいだ

⑤ 이유나 씨는 머리가 (길다 + ㅂ니다/습니다).
　　　　　髪　　長い

11-06

11-4 動詞語幹+고 싶다　～したい〔希望〕

動詞語幹に고 싶다という形を付けると，「～したい」という希望の表現になる。싶다は形容詞と同じ形の取り方をするので注意する。

쓰다 →	쓰**고 싶다**	인터넷을 쓰고 싶습니다.
使う	使いたい	インターネットを使いたいです。
먹다 →	먹**고 싶다**	불고기를 먹고 싶어요.
食べる	食べたい	プルゴギが（を）食べたいです。

注意　日本語では「～が / を～したい」と言い，助詞の「が」「を」どちらも使えることが多いが，韓国朝鮮語では「～를/을 ～고 싶다」と言うことが多い。

■ **練習4** ■　（　　　）に①～③の表現を日本語に合うように，適当な形に変えて入れて言ってみよう。

A : 뭘 하고 싶어요?　　　B : (　　　)고 싶어요.

① 한국 / 여행을 가다 [韓国]に[旅行]に行く

② 공원 / 테니스 / 치다 [公園]でテニスをする

③ 집 / 소설 / 읽다 家で[小説]を読む

➡ ㄱで始まる語尾が続くとき읽の発音に注意。

11-07

11-5 用言語幹＋아서/어서/여서（＝連用形＋서）

～て，ので〔原因，動作の先行〕

先行する動作，原因・根拠を表す表現で，「～て」あるいは「～ので」の意味になる。形が縮約されることがあるが，縮約の仕方は連用形と同じであり，連用形＋서と覚えるとよい。

	語幹末が陽母音	語幹末が陰母音	하다用言
～て，～ので	語幹＋아서	語幹＋어서	하＋여서→해서

가다 →（가아서）→ 가서　우체국에 가서 우표를 샀어요.
行く　陽母音　郵便局に行って，切手を買いました。〔動作の先行〕

먹다 → 먹어서　많이 먹어서 배가 부릅니다.〔原因・根拠〕
食べる　陰母音　たくさん食べて，お腹がいっぱいです。

좋아하다 → 좋아하여서 → 좋아해서
好む　하다用言

이 공원을 아주 좋아해서 자주 와요.〔原因・根拠〕
この［公園］が大好きで，よく来ます。

■ **練習5** ■　a の用言を아서/어서/여서の形にし，b の語句と結びつけて言ってみよう。

① a. 아침에 일어나다 朝起きる　　b. 세수를 합니다. 顔を洗います。

② a. 길이 막히다 道が混む　　b. 늦었어요. 遅れました。

③ a. 책을 빌리고 싶다 本を借りたい　　b. 도서관에 가요.［図書館］に行きます。

11-08

11-6 動詞語幹＋지 못하다；못 ＋ 動詞　～できない〔不可能〕

～지 못하다は，主として動詞語幹に付き，「～できない」という不可能の意味を表す。못＋動詞の形も同様で，話し言葉でよく使われる。

먹다 → 먹지 못하다　이 김치는 먹지 못해요.
食べる　食べられない　このキムチは食べられません。

→ 못 먹다*　이 김치는 못 먹어요.
食べられない　このキムチは食べられません。

*못 먹다の発音は鼻音化が起こり，［몬 먹따］となる。

注意

못을 하다動詞に使うときは，通常하다の直前に못を入れる。

전화하다 → 전화 못하다　　전화 못했어요.
［電話］する　　［電話］できませんでした。

■ **練習6** ■　例のように語句と지 못하다，못を使って，（　　）内の日本語に合うように文を作りなさい。文末は해요体にしなさい。

例 이 김치/먹다（→ このキムチは食べられません。）
→ 이 김치는 먹지 못해요.　이 김치는 못 먹어요.

① 오늘/만나다（→ 今日は会えません。）　➡ 鼻音化に注意。

② 일찍/자다（→ 早く眠れませんでした。）

③ 어제/한국어/공부하다（→ 昨日は韓国朝鮮語を勉強できませんでした。）

11-09

11-7 用言語幹＋지요(죠)

用言語幹のほか，尊敬시/으시，過去았/었/였，未来意志겠の後ろにも付く。죠は지요の縮約形。意味によって文末のイントネーションが変わるので注意する。

춥다 → 춥 + **지요(죠)**　　서울은 춥지요（춥죠）?
寒い　　ソウルは寒いですよね。

학생이다 → 학생이 + **지요(죠)**　　학생이지요（학생이죠）?
学生だ　　学生ですよね。

(1)〔相手の同意を求める〕～です（よ）ね，～ます（よ）ね，～でしょ

다카하시 씨 집은 지바지요?*　高橋さんの家は千葉ですよね。

*母音終わりの名詞の場合，しばしば指定詞語幹の이が省略される。

겨울에는 춥지요?　冬は寒いでしょ。

(2)〔（疑問詞とともに使われ）柔らかな疑問〕～ますか，～ですか

비행기는 몇 시에 도착하지요?　飛行機は何時に着くんですか。

이게 얼마죠?　これいくらですか。

(3)〔（しばしば尊敬시/으시とともに使われ）婉曲な指示・誘い〕～ましょう，～てください，～たらどうですか

자, 들어가시죠.　さあ，お入りください。

차라도 한 잔 하시지요.　お茶でも一杯飲みましょうか。

(4)〔自分の判断や意志を示す〕～でしょう，～ますよ

그 일은 제가 하죠.　その仕事は私がします。

■ **練習7** ■　次の語句と～지요を使って，（　　　）内の日本語に合うように文を作りなさい。

① 여기 / 앉다　（→ ここにお座り下さい。）　➡ 앉다を尊敬形にする。

② 우체국 / 어디이다　（→ 郵便局どこですか。）

③ 한국어 / 발음 / 어렵다　（→ 韓国朝鮮語は発音が難しいでしょ。）

■ **作文練習** ■　次の日本語を訳しなさい。指示がない場合，文末は해요体にしなさい。

① イギリス（영국）に行って英語（영어）を勉強してみたいです。

② 妹（동생）は明日、家に電話をかけるはずです。（ かける 걸다 ）

③ このスプーン（숟가락）はご飯（밥）を食べるとき使います。（ 使う 쓰다 ）（ 합니다体で ）

④ どうしても（아무래도）今週までには終えられません。（ 終える 끝내다 ）（ 겠を使って ）

➡「今週までには」の部分は「今週までは」と訳す。

⑤ 疲れすぎて，これ以上（더 이상）歩けません。（ ～すぎる 너무～，疲れる 지치다 ）（ 겠を使って ）

⑥ ずっと（계속）雨が降って洗濯できませんでした。（ 降る 오다，洗濯する 빨래하다 ）

⑦「明日パーティーがあるでしょ。」「明日着る服がありません。」➡ 服はまだ着ていない。

⑧「キム社長をよくご存知ですよね。」「はい，よく知っています。（ 합니다体で ）」

11-10

語彙を増やそう (9)　いろいろな動詞 (1)

열다 開ける，닫다 閉める，넣다 入れる，쓰다 書く，버리다 捨てる，타다 乗る，사다 買う，팔다 売る，주다 与える，やる，くれる，드리다 差し上げる，보내다 送る，먹다 食べる，마시다 飲む，가다 行く，오다 来る，나가다，나오다 出る，들어가다，들어오다 入る

第12課

ㅅ変則用言

12-01

会話本文

1 소라：다로 씨, 감기는 다 나았어요?

2 다로：네, 목이 좀 아프지만 거의 다 나은 것 같아요.

3 소라：병원에는 가 봤어요?

4 다로：아직 못 갔어요. 늦은 시간에 진료를 받을 수 있는 병원을 못 찾았어요.

5 소라：제가 좋은 병원을 알고 있어요. 제가 안내해 드릴게요. 오늘 저하고 같이 가세요.

6 다로：정말요? 고맙습니다.

12-02

● 発音で注意する部分 ●

2 거의 ➡ 거이

4 진료 ➡ 질료　받을 수 있는 ➡ 바들 쑤 인는

5 좋은 ➡ 조은　드릴게요 ➡ 드릴께요

같이 ➡ 가치

6 정말요 ➡ 정말료 ➡ 巻末「発音のまとめ」参照

● 単語・語句 ●

1 ◆ 감기 風邪　◆ 다 すっかり，全て　◆ 나았어요 ＞ 낫＋았어요
◆ 낫다〈ㅅ変〉治る，よくなる

2 ◆ 목＿＿＿　◆ 아프다 痛い　◆ 거의 ほとんど，ほぼ
◆ 나은＞낫＋은　◆ 것 같다 ～ようだ；～と思う

3 ◆ 병원＿＿＿　◆ ～아 보다 ～てみる〔cf. ～어 보다〕

4 ◆ 아직 まだ　◆ 못 ～できない　◆ 늦다 遅い　◆ 시간＿＿＿
◆ 진료［診療］　◆ 받을 수 있는＝받＋을 수 있＋는　◆ 받다＿＿＿
◆ 을 수 있다 ～することができる〔cf. ～ㄹ 수 있다〕　◆ 찾다＿＿＿

5 ◆ 제 私；私の（謙譲）〔cf. 제가 私が，저는 私は〕　◆ 좋다＿＿＿
◆ 알고 있어요＝알＋고 있＋어요　◆ 알다＿＿＿　◆ 고 있다 ～ている
◆ 안내해＞안내하＋여　◆ 안내하다［案内］する
◆ 여 드리다 お～する〔cf. ～아/어 드리다〕
◆ ㄹ게요 ～します（意志）（語尾）〔cf. 을게요〕　◆ 같이＿＿＿
◆ ～세요 ～ましょう

6 ◆ 정말요 ほんとうですか

12-03

12-1 ㅅ(시옷) 変則用言（ㅅ変）

韓国朝鮮語には通常と異なる形の取り方をする変則用言というものがあり，ㅅ変則用言はその一つである。同じ条件の用言でも変則の場合と変則でない場合があることに注意しよう。

（1） ㅅ変則用言とは

語幹末音節の終声がㅅである用言の一部

짓다　作る

語幹末終声がㅅ

他に，긋다（（線を）引く），낫다（治る；よい，ましだ），붓다（注ぐ；腫れる），잇다（つなぐ），젓다（かき混ぜる）など

注意　語幹末の終声がㅅでも規則的な活用をするものもある。
〔変則でないもの〕벗다（脱ぐ），씻다（洗う），웃다（笑う）など

(2) ㅅ変則用言の特徴

母音（아/어，으）で始まる語尾が続くとき，終声ㅅが脱落する

語幹末終声 ㅅ＋語尾 으～, 아/어～ → 終声ナシ＋語尾 으～, 아/어～

짓다　짓 ＋ 은　　→ 지은　作った～
作る　ㅅ ＋ 으　　→ ナシ ＋ 으
　　　짓 ＋ 었어요 → 지었어요.　作りました。
　　　ㅅ ＋ 어　　→ ナシ ＋ 어

이 절을 지은 사람은 누구예요?　この寺を建てた人は誰ですか。
새로 집을 지었어요.　新しく家を建てました。

> 注意
> 나다（出る）など，母音語幹の用言と混同しないように。
> 낫다 治る→ 나았습니다 治りました
> 나다 出る→ 났습니다 出ました
> 짓다 作る → 지었습니다 作りました
> 지다 負ける → 졌습니다 負けました

▶ ㅅ変則用言（ㅅ変）

	ㅅ変則 짓다（作る）	正則 씻다（洗う）	正則 母音語幹 지다（負ける）
지만（～けれども）	짓지만	씻지만	지지만
은（～した～，～な～）	지은	씻은	진
았/었어요（～でした，ました）	지었어요	씻었어요	졌어요

■ **練習1** ■　次の用言を，1) ～으세요（～なさい），2) ～은（～した，～な），3) ～았/었어요（～ました）の形にして言ってみよう。

例 짓다　1) 지으세요　2) 지은　3) 지었어요

① 낫다〈ㅅ変〉治る　② 긋다〈ㅅ変〉(線を) 引く　③ 웃다 笑う

■ **練習2** ■　例のように，(　　　) の中の用言と語尾を適当な形に変えて文を完成させよう。さらに，完成した文を訳しなさい。

例 감기는 다 (낫다＋았어요/었어요)?

→ 감기는 다 나았어요?　風邪はすっかり治りましたか。

① 다리가 (붓다 + 아서/어서) 못 걷겠어요.
腫れる　歩く

② 인삼차를 잘 (젓다 + 아서/어서) 드세요.
高麗［人参茶］　かき混ぜる

③ 과일을 (씻다 + 았어요/었어요).
果物　洗う

④ 두통은 다 (낫다 + 으셨어요)?
［頭痛］

ポイント

ㅅ変則は，母音で始まる語尾に注意。母音語幹の用言と間違わないように。

12-04

12-2 動詞語幹＋ㄹ게요/을게요　～します〔意志，意向〕

話し手の意志・意図を表す表現。主として話しことばで使われ，目上の人に対して使うときは注意が必要である。ㄹ語幹のときは語幹のㄹは脱落しㄹ게요が付く。게の発音が濃音になる点にも注意する。

	母音語幹	ㄹ語幹	子音語幹
～します	語幹＋ㄹ게요*	語幹（ㄹ脱落）＋ㄹ게요*	語幹＋을게요*

*発音は［ㄹ께요/을께요］となる

사다 → 사 + ㄹ게요　커피는 제가 살게요.
買う　母音語幹　コーヒーは私が買います（おごります）。

열다 → 여 + ㄹ게요　창문 좀 열게요.
開ける　ㄹ語幹（ㄹ脱落）　ちょっと窓を開けます。

끊다 → 끊 + 을게요　꼭 담배를 끊을게요.
絶つ　子音語幹　必ずタバコをやめます。

■ **練習3** ■　次の語句とㄹ게요/을게요を使って，（　　）内の日本語に合うように文を作りなさい。

① 내일 / 꼭 / 가다　（→ 明日は必ず行きます。）

② 오후 / 2시쯤 / 전화 / 걸다　（→ 午後２時頃に電話をかけます。）

③ 남다 / 음식 / 내일 / 먹다　（→ 残った食べ物は明日食べます。）

12-05

12-3 動詞連用形（語幹＋아/어/여）＋드리다

お（ご）～する，～てさしあげる〔謙譲の表現〕

目上の人のために何かの行為を行うときに使う。日本語の「お（ご）～する」にあたる謙譲の表現。

알리다 知らせる	→ 알려 드리다 お知らせする	결과를 알려 드렸어요. 結果をお知らせしました。
안내하다 ［案内］する	→ 안내해 드리다 ご案内する	시내를 안내해 드리겠습니다. 市内をご案内します。

・드리다が動詞として使われるときは「さしあげる」の意味になる。

선생님께 선물을 드렸습니다.　先生に贈り物をさしあげました。

注意　一部の하다動詞（전화하다（電話する），부탁하다（頼む）など）は，～해 드리다という表現の他に，～드리다という表現もある。ただし，ニュアンスが変わることもあるので注意。

전화하다 → 전화해 드리다 ≠ 전화드리다
［電話］する　電話して差し上げる　お電話する

注意　次の違いにも注意。

連用形＋주다　～てあげる；～てくれる
連用形＋주시다　～くださる（尊敬）　（→ 8-4）
連用形＋드리다　お（ご）～する（謙譲）

■練習4■　次の（　　　）の部分に①～③の表現を適当な形にして入れなさい。完成した文を訳しなさい。

（　　　　　）아/어/여 드리겠습니다.

① 선물은 제가 사다

② 그 가방은 제가 들다
持つ

③ 이 우산을 빌리다
貸す

12-06

12-4 用言連体形＋것 같다　～ようだ，～そうだ，～と思う〔推量〕

日本語の「～ようだ，～そうだ」にあたる推量の表現。推測する内容（すでに実現した，今行われている，まだ実現していない）によって，連体形の形が変わるので，気をつける。

비가 오다
雨が降る
→
- 비가 온 것 같아요*. 雨が降ったようです。
- 비가 오는 것 같아요. 雨が降っているようです。
- 비가 올 것 같아요. 雨が降りそうです。

＊같아요は話し言葉ではしばしば 같애요［가태요］と表記，発音される。

■ 練習5 ■　（　　　）内の日本語訳に合うように，①～④の語句を適当な形に変えて（　　　）に入れてみよう。

（　　　　　）것 같아요.

① 컴퓨터가 고장나다 （→ パソコンが故障したようです。）

② 교실 안에는 아무도 없다 （→ 教室の中には誰もいないようです。）

③ 이 소설은 일본에서도 유행하다 （→ この小説は日本でもはやりそうです。）

④ 국이 좀 짜다 （→ 汁がちょっと塩辛いようです。）

12-07

12-5 動詞語幹＋ㄹ/을 수 있다(없다)　～することができる（できない）

可能,不可能を表す表現。수の発音は濃音［쑤］となる。ㄹ語幹の場合もㄹ 수 있다(없다)の形が付くので注意する。➡ 未来連体形の作り方（→ 11-1）

사다 → 살 수 있다(없다)　그 물건은 시장에서 살 수 있어요.
買う　母音語幹　その品物は［市場］で買うことができます。

열다 → 열 수 있다(없다)　열쇠가 없어서 이 문을 열 수 없어요.
開ける　ㄹ語幹（ㄹ脱落）　鍵がなくて，このドアを開けられません。

먹다 → 먹을 수 있다(없다)　밥을 먹을 수 있는 곳이 없을까요?
食べる　子音語幹　ご飯を食べられるところがありませんか。

➡ 不可能を表す表現には，～지 못하다，못 ～（→ 11-6）もある。

■ **練習6** ■　次の語句に（　　　）の中の形をつけて言ってみよう。さらに，完成した文を訳しなさい。

① 여기서 열차를 타다 (ㄹ/을 수 있습니다).

［列車］

② 한글을 잘 읽다 (ㄹ/을 수 없어요).

読む

③ 화요일에는 결과를 알다 (ㄹ/을 수 있어요).　➡ 알다はㄹ語幹。

［結果］　知る

■ **作文練習** ■　次の日本語を訳しなさい。指示がない場合，文末は해요体にしなさい。

① この家はだいぶ（아주）昔（옛날）に建てました。（ 建てる 짓다〈ㅅ変〉）

② たくさん泣きすぎて目（눈）が腫れたようです。

（ ～すぎる 너무～，泣く 울다，腫れる 붓다〈ㅅ変〉）

③「韓国朝鮮語（한국어）を勉強してみたいです。」「それじゃ（그럼），私がお教えしますよ。」（ㄹ게요/을게요を使って）　➡「私が」の部分に注意。

④ お客さん（손님）に事情（사정）をご説明しました。（ 説明する 설명하다 ）

（ 합니다体で）　➡「に」の前は人である点に注意。

⑤ その焼肉店（고깃집）は一人で（혼자）入ることのできる雰囲気（분위기）ではありませんでした。（ 入る 들어가다 ）

⑥「先生は今いらっしゃいません。」「では（그럼），明日もう一度（다시）お電話いたします。」（ 합니다体で ）（ 겠を使って ）

⑦「これは日本のカレンダー（달력）ではなさそうです。」「ええ，韓国のカレンダーです。」

➡ 指定詞文の否定形に것 같다を付ける。

⑧ この歌は若い人たちが好むようです。（ 若い 젊다，好む 좋아하다 ）

12-08

語彙を増やそう（10） 身体に関する言葉

① 머리 頭･髪

② 얼굴 顔

③ 이마 額

④ 눈썹 眉毛

⑤ 눈 目

⑥ 귀 耳

⑦ 코 鼻

⑧ 입 口

⑨ 입술 唇

⑩ 목 のど；首

⑪ 어깨 肩

⑫ 몸 身体

⑬ 손 手

⑭ 손가락 手の指
［손까락］

⑮ 팔 腕

⑯ 가슴 胸

⑰ 등 背中

⑱ 배 腹

⑲ 허리 腰

⑳ 다리 脚

㉑ 발 足

㉒ 발가락 足の指
［발까락］

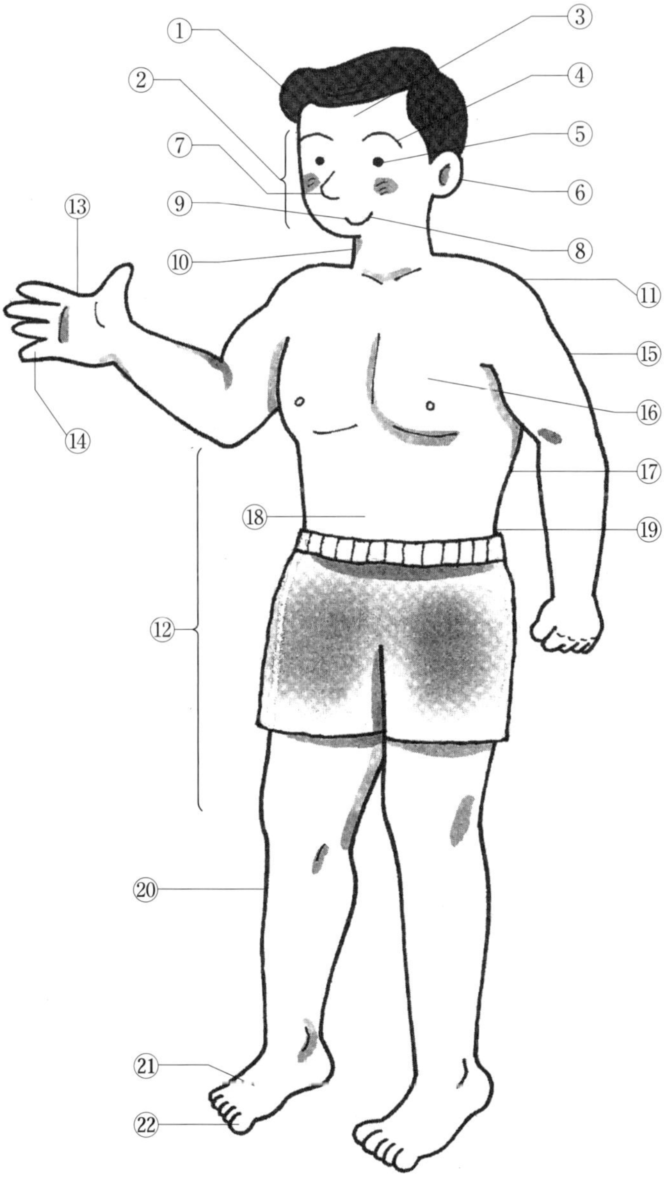

第13課

ㄷ変則用言

13-01

会話本文

1 소라 : 요즘도 한국 노래 자주 들어요?

2 다로 : 네, 매일 케이팝(K-POP)만 듣고 있어요.

3 소라 : 누구 노래를 좋아해요?

4 다로 : 걸그룹 노래를 좋아해요. 요즘 계속 걸그룹 노래만 듣지만, 남자 가수 노래도 듣고 싶어요. 누가 좋을까요?

5 소라 : 글쎄요, 저는 잘 모르니까 저한테 묻지 마세요. 케이팝은 유리 씨가 잘 알아요. 한 번 물어보세요.

13-02

● 発音で注意する部分 ●

1 한국 노래 ➡ 한궁노래

2 케이팝만 ➡ 케이팜만

3 좋아해요 ➡ 조아해요

4 좋을까요 ➡ 조을까요

● 単語・語句 ●

1 ◆요즘______　◆자주 よく，しばしば　◆들어요＞듣＋어요
◆듣다〈ㄷ変〉聞く

2 ◆매일______　◆케이팝 K-POP　◆만 ～だけ，ばかり（助詞）
◆고 있다______

3 ◆누구______　◆좋아하다______

4 ◆걸그룹 ガールズグループ，女性グループ　◆계속______
◆남자［男子］，男性　◆가수［歌手］　◆고 싶다______
◆누가______　◆을까요 ～ますか,～ましょうか（語尾）〔cf. ㄹ까요〕

5 ◆글쎄요　さあ，そうですね　◆잘 よく　◆모르다 知らない，わからない
◆니까 ～から（語尾）〔cf. 으니까〕　◆묻다〈ㄷ変〉尋ねる,聞く
◆지 마세요 ～しないでください　◆알다______　◆한 번 一度
◆어 보다______

13-03

13-1 ㄷ(디귿)変則用言（ㄷ変）

ㄷ変則用言は，ある条件のとき終声のㄷがㄹに変わる点が特徴。ㄹ語幹の用言とよく似た形になるので気をつける。

（1）ㄷ変則用言とは

語幹末音節の終声がㄷである動詞の一部

듣다　聞く

語幹末終声がㄷ

他に，깨닫다（気づく），걷다（歩く），묻다（尋ねる），싣다（載せる）など

注意

語幹末の終声がㄷでも変則用言でないものがある。

〔変則でないもの〕닫다（閉める），묻다（埋める），받다（受け取る）얻다（得る），믿다（信じる）など

（2）ㄷ変則用言の特徴

母音（아/어，으）で始まる語尾が続くとき，語幹末終声ㄷがㄹに変わる。

語幹末終声 ㄷ＋語尾 으～，아/어～ → 終声 ㄹ ＋語尾 으～，아/어～

듣다　듣 + 은　　　→ 들은　聞いた～
聞く　ㄷ + 으　　　→ ㄹ + 으
　　　듣 + 었어요　→ 들었어요. 聞きました。
　　　ㄷ + 어　　　→ ㄹ + 어

이 노래는 들은 적이 있어요.　この歌は聞いたことがあります。
그 이야기는 친구한테 들었어요.　その話は友だちに聞きました。

注意
ㄹ語幹の用言と形が似ているので，気を付ける。
・들었어요 → 聞きました（듣다）/ 持ちました（들다）
・걸을 때 → 歩くとき（걷다），걸 때 → 掛けるとき（걸다）

▶ ㄷ変則用言（ㄷ変）

	ㄷ変則 듣다(聞く)	ㄹ語幹 들다(持つ)	正則 얻다(得る)
지만（～だが）	듣지만	들지만	얻지만
은（～した～）	들은	든	얻은
았/었어요（～ました）	들었어요	들었어요	얻었어요

■ **練習1** ■　次の動詞を，1）～으세요（～なさい），2）～은（～した～），3）～았/었어요（～ました）の形にして言ってみよう。

例 듣다　1）들으세요　2）들은　3）들었어요

① 걷다〈ㄷ変〉歩く　② 싣다〈ㄷ変〉載せる　③ 닫다 閉める

■ **練習2** ■　例のように，(　　　) の中の用言と語尾を適当な形に変えて文を完成させよう。さらに，完成した文を訳しなさい。

例 (듣다 + ㄴ/은) 적이 있어요.
　→ 들은 적이 있어요.　聞いたことがあります。

① 학교까지 (걷다 + 아서/어서) 5분쯤 걸려요.

② 이 가방은 앞에 (싣다 + 는) 것이 좋겠어요.

③ 저기 있는 경찰한테 (묻다 + 아/어)보세요.
　　　　　警官　　　　尋ねる

④ 조용히 창문을 (닫다 + 아/어) 주세요.
静かに

13-04

13-2 用言語幹＋니까/으니까　～から，～ので〔理由〕

日本語の「～から，～ので」の意味で理由・原因を表す語尾。ㄹ語幹には母音語幹用の形が付くことに注意。用言語幹（指定詞含む）のほか，過去形（～았/었/였）の後にも使われる。

	母音語幹	ㄹ語幹	子音語幹
～から，～ので	語幹＋니까	語幹（ㄹ脱落）＋니까	語幹＋으니까

바쁘다　→ 바쁘**니까**　오늘은 바쁘니까 내일 만나요.
忙しい　母音語幹　今日は忙しいから明日会いましょう。

살다　→ 사**니까**　서울에 사니까 자주 가요.
住む，暮らす　ㄹ語幹（ㄹ脱落）　ソウルに住んでいるので，よく行きます。

있다　→ 있**으니까**　시험이 있으니까 도서관에서 공부할게요.
ある，いる　子音語幹　試験があるから［図書館］で勉強します。

注意

理由・原因を表す場合の니까/으니까と아서/어서/여서（→ 11-5 ）

・니까/으니까は，相手への依頼・命令，誘いを表す文でよく使われる。
この種の文では아서/어서/여서は使えない。

오늘은 일이 많으니까(×많아서) 내일 만나요.
今日は仕事が多いので明日会いましょう。

■ 練習3 ■　例のようにa, bの語句を～니까/으니까で結びつけて言ってみよう。さらに，完成した文を訳しなさい。

例 a. 오늘 바쁘다　　b. 내일 만나요.
→ 오늘 바쁘니까 내일 만나요.　今日は忙しいので，明日会いましょう。

① a. 길이 복잡하다　　b. 지하철을 탈 거예요.
混んでいる　　［地下鉄］

② a. 여기는 도서관이다　　b. 조용히 해 주세요.
静かに

③ a. 이 모자는 좀 작다　　b. 다른 것을 보여 주시겠어요?
［帽子］　　違う　見せる

④ a. 서로 집이 멀다　　b. 역에서 만나요.
お互い　　［駅］

13-05

13-3 用言語幹＋ㄹ까요/을까요 ～ますか（ですか），ましょうか，ませんか
〔相手の意向・意見を尋ねる，相手を誘う〕〈話し言葉〉

相手の意向・意見を尋ねるときや相手を誘うときに使う語尾。主として話し言葉で使われるが，目上の人に使うときは注意が必要である。

	母音語幹	ㄹ語幹	子音語幹
～ますか（ですか）	語幹＋ㄹ까요	語幹（ㄹ脱落）＋ㄹ까요	語幹＋을까요

가다 → 가 ＋ ㄹ까요　백화점에 갈까요?
行く　母音語幹　デパートに行きましょうか。

길다 → 기 ＋ ㄹ까요　글이 좀 길까요?
長い　ㄹ語幹（ㄹ脱落）　文章がちょっと長いでしょうか。

좋다 → 좋 ＋ 을까요　어떤 선물이 좋을까요?
よい　子音語幹　どんなおみやげがいいですか。

■ 練習4 ■ 次の語句にㄹ까요/을까요を加えて文を完成させよう。（　　）内の日本語は，完成した文の訳。

① 커피라도 마시다 （→ コーヒーでも飲みませんか。）

② 바람이 차니까 문을 닫다 （→ 風が冷たいからドアを閉めましょうか。）

③ 좀 더 천천히 걷다〈ㄷ変〉（→ もう少しゆっくり歩きましょうか。）

13-06

13-4 動詞語幹＋지 마세요, 지 마십시오 ～ないでください〔禁止〕

行為の禁止を表す表現。마세요，마십시오の基本形は말다だが，この表現は通常命令・指示の形で使われるので，지 마세요（지 마십시오）の形で覚えよう。

무리하다　무리하 ＋ 지 마세요　너무 무리하지 마세요.
［無理］する　あまり無理しないでください。

떠들다　떠들 ＋ 지 마십시오*　여기서는 떠들지 마십시오.
騒ぐ　ここでは騒がないでください。

*－(으)십시오は命令形の합니다体。母音語幹，ㄹ語幹には－십시오（ㄹ語幹はㄹ脱落），子音語幹には－으십시오がつく。

➡ 여기서は여기에서の縮約形（→ 16-6）

■ **練習5** ■　a, b に①〜③の語句を適当な形に変えて入れ, 文を完成させよう。さらに, 完成した文を訳しなさい。

(　a　)니까/으니까 (　b　)지 마세요.

① a. 시간이 있다　　　b. 너무 서두르다
　　　　　　　　　　　　　　急ぐ

② a. 아직 숙제가 있다　　　b. 불을 끄다
　　　　［宿題］　　　　　　明かり　消す

③ a. 비가 많이 오다　　　b. 창문을 열다

13-07

13-5 助詞 (8)　〜만, 〜보다

1 〜만　〜だけ, 〜のみ

필요한 것만 샀어요.　［必要］な物だけ買いました。
만 원만 깎아 주세요.　1万ウォンだけまけてください。

2 〜보다　〜より〔比較〕

오늘보다 내일이 더 좋아요.　今日より明日がいいです。
무엇보다 중요한 것은 마음이에요.　何より重要なのは心です。

■ **練習6** ■　次の各語句と만または보다を使って, (　　　) 内の日本語に合うように文を作りなさい。指示がない場合, 文末は해요体にしなさい。

① 한 잔/더/하다/ㄹ게요　(→ もう一杯だけ飲みます。)
② 여기/저기/더/시원하다　(→ ここよりあそこがもっと涼しいです。)
③ 왜/이것/남기다　(→ どうしてこれだけ残したんですか。)
④ 형/저/키/크다　(→ 兄は私より背が高いです。)　(文末は합니다体で)

➡ 형は弟から兄のことを言う言葉。妹からは오빠と言う。

■ **作文練習** ■　次の日本語を訳しなさい。指示がない場合, 文末は해요体にしなさい。

①「ちょっと(좀)お願いします。」「この箱(박스)を車(차)に載せてください。」
(お願いする 부탁하다, 載せる 싣다〈ㄷ変〉)

② わたしはビールより焼酎(소주)のほうをよく(자주)飲みます。(～のほうを ～를/을 더)

③「駅まで歩いて何分かかりますか。」「30 分くらいかかります。遠いからタクシーに乗ってはいかがですか。」(遠い 멀다, ～てはいかがですか ～세요/으세요)

➡ 멀다はㄹ語幹である点に注意。

④ 教室の中(안)で携帯電話(휴대폰)を使わないでください。(使う 쓰다)(합니다体で)

⑤「明日も図書館に行きますか。」「もう(이제)試験(시험)も終わったから,今週(이번 주)は行きません。」(終わる 끝나다)

⑥ いつか(언제)一緒にご飯(밥)でも(이라도)食べましょうか。(ㄹ까요/을까요を使って)

⑦ 他の(다른)人たち(들)は忙しそうなので,私だけ行きます。(忙しい 바쁘다)(ㄹ게요/을게요を使って) ➡「そうだ」の部分は것 같다を使う。

⑧「私がホテルまで行きましょうか。」「時間がかかるので,わざわざ(굳이)来なくてよいですよ。」(ㄹ까요/을까요, 지 마세요を使って)

13-08

語彙を増やそう (11) 地名

서울 ソウル, 부산 プサン(釜山), 대구 テグ(大邱), 인천 インチョン(仁川), 광주 クァンジュ(光州), 평양 ピョンヤン(平壌), 개성 ケソン(開城), 함경북도/남도 咸鏡北道/南道, 자강도 慈江道, 량강도 両江道, 평안북도/남도 平安北道/南道, 황해북도/남도 黄海北道/南道, 강원도 江原道, 경기도 京畿道, 충청북도/남도 忠清北道/南道, 전라북도/남도 [절라] 全羅北道/南道, 경상북도/남도 慶尚北道/南道, 제주도 済州道·済州島, 백두산 白頭山, 한라산 [할라산] 漢拏山, 두만강 豆満江, 압록강 [암녹깡(韓国)],[암록깡(北朝鮮)] 鴨緑江, 대동강 大同江, 한강 漢江, 낙동강 洛東江

朝　鮮　半　島

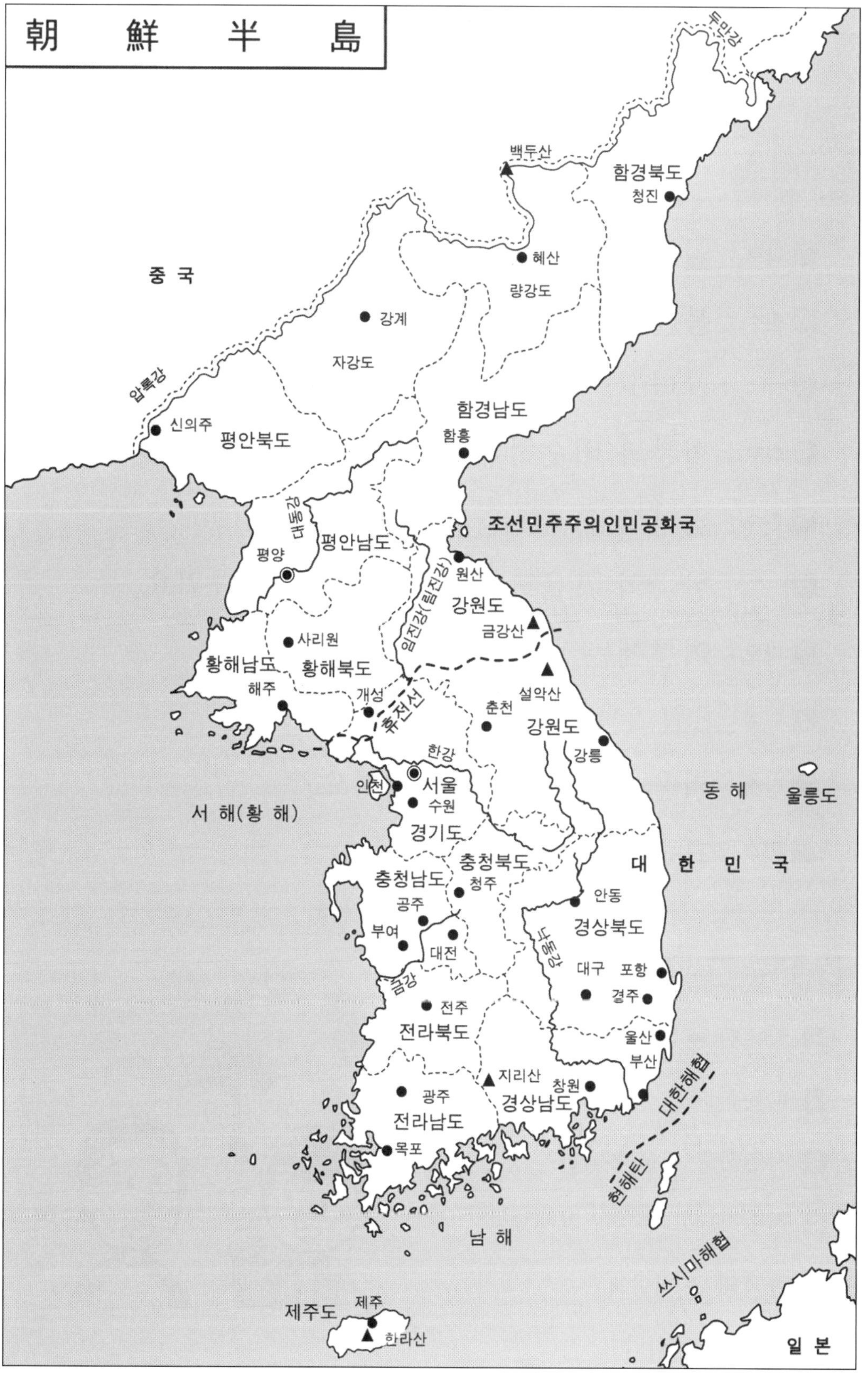
두만강
백두산
함경북도
청진
혜산
량강도
중 국
강계
자강도
압록강
함경남도
신의주
평안북도
함흥
대동강
평안남도
조선민주주의인민공화국
평양
원산
임진강(림진강)
강원도
금강산
사리원
황해남도
황해북도
해주
개성
휴전선
설악산
춘천
강원도
강릉
한강
인천
서울
수원
서 해(황 해)
경기도
동 해
울릉도
대 한 민 국
충청남도
충청북도
청주
안동
공주
경상북도
부여
대전
낙동강
대구
포항
금강
경주
전주
전라북도
울산
부산
대한해협
지리산
창원
광주
경상남도
전라남도
목포
현해탄
남 해
쓰시마해협
제주도
제주
한라산
일 본

第 14 課

ㅂ変則用言

14-01

会話本文

1 다로 : 일본은 사계절이 있는데 한국은 어때요?

2 민수 : 봄은 따뜻하고 여름은 아주 더워요.

3 그리고 가을은 시원하고 겨울은 아주 추워요.

4 다로 : 일본과 비슷하네요.

5 민수 : 맞아요.

6 한국의 가을도 단풍이 아주 아름다워요.

7 다로 : 여름에는 비가 많이 와요?

8 민수 : 6월(유월) 말부터 장마예요.

9 다로 : 겨울에는 눈도 많이 내려요?

10 민수 : 요즘에는 별로 안 와요.

14-02

● 発音で注意する部分 ●

1 있는데 ➡ 인는데

2 따뜻하고 ➡ 따뜨타고

3 시원하고 ➡ 시워나고

4 비슷하네요 ➡ 비스타네요

6 한국의 ➡ 한구게

10 안 와요 ➡ 아놔요

● 単語・語句 ●

1 ◆사계절 四季　◆는데 ～ますが〔cf. ㄴ데, 은요〕　◆어때요 どうですか

2 ◆봄______　◆따뜻하다 暖かい　◆고 ～で（あり）（語尾）

◆여름______　◆더워요 ＞덥＋어요　◆덥다〈ㅂ変〉暑い

3 ◆그리고 そして　◆가을______　◆시원하다 涼しい，すっきりする

◆겨울______　◆추워요 ＞춥＋어요　◆춥다〈ㅂ変〉寒い

4 ◆비슷하다 似ている

5 ◆맞다 合っている

6 ◆단풍 紅葉　◆아름다워요 ＞아름답＋어요

◆아름답다〈ㅂ変〉きれいだ，美しい

7 ◆비______　◆많이______　◆와요 ＞오＋아요　◆오다______

8 ◆말［末］　◆장마 梅雨

9 ◆눈______　◆내려요 ＞내리＋어요　◆내리다______

10 ◆요즘______　◆별로 あまり

14-03

14-1 ㅂ(비읍)変則用言（ㅂ変）

母音 으 で始まる語尾と，母音 아/어 で始まる語尾に続くときでは形の変化が少し違うので注意する。語幹末音節の終声が ㅂ である用言の多くは ㅂ 変則になるので，変則でない用言の方を覚えておくとよいだろう。

（1） ㅂ変則用言とは

語幹末音節の終声がㅂである用言の多く（形容詞はほとんど）

덥다 暑い

語幹末終声がㅂ

他に，가깝다（近い），돕다（助ける），어렵다（難しい），굽다（焼く）など

注意　語幹末の終声が ㅂ でも変則用言ではないものがある。
〔変則でないもの〕뽑다（抜く），씹다（噛む），입다（着る），잡다（捕まえる），좁다（狭い），집다（つまむ）など ➡ 覚える。

（2）ㅂ変則用言の特徴

① 으で始まる語尾が続くとき，語幹末終声ㅂが우に変わり語尾の으がなくなる。

> 語幹末終声ㅂ＋語尾 으～ → 우～

어렵다　어렵 + 은　　→ 어려운 難しい～
難しい　　ㅂ + 으　　→ 우

좀 더 어려운 문제를 내 주세요.　もう少し難しい問題を出してください。

② 아/어で始まる語尾が続くとき，語幹末終声ㅂが우に変わり語尾아/어と一緒になって워になる。

> 語幹末終声ㅂ＋語尾 아/어～ → 워(와)～

어렵 + 었어요　→ 어려웠어요 難しかったです。
ㅂ + 어　→ 워

이 문제는 참 어려웠어요.　この問題はとても難しかったです。

注意
語幹末の母音の種類（陽母音・陰母音）に関係なく，すべて워になる。ただし，곱다（美しい），돕다（助ける）の場合は，～와(고와，도와) となる。
돕 + 아 → 도와　　도와 주세요.　手伝ってください。
cf. 돕 + 으면 → 도우면

▶ㅂ変則用言（ㅂ変）

	ㅂ変則		正則
	가깝다（近い）	어렵다（難しい）	입다（着る）
지만（～だが）	가깝지만	어렵지만	입지만
은（～した～，～な～）	가까운	어려운	입은
았/었어요（～でした，ました）	가까웠어요	어려웠어요	입었어요

■**練習1**■　次の用言を，1）～은（～した，～な），2）～았/었어요（～でした，ました）の形にして言ってみよう。

例 어렵다　1）어려운　2）어려웠어요

① 맵다〈ㅂ変〉辛い　② 덥다〈ㅂ変〉暑い

③ 잡다 捕まえる　④ 돕다〈ㅂ変〉助ける，手伝う

■ 練習2 ■　例のように，(　　　) の中の用言と語尾を適当な形に変えて文を完成させよう。さらに，完成した文を訳しなさい。

例 이 문제는 참 (어렵다 + 었어요).　→ 이 문제는 참 어려웠어요.

① 오늘은 아주 (춥다 + 아요/어요).
寒い

② 짐이 (무겁다 + 으니까) 조심하세요.
重い　気を付ける

③ 이 고추는 굉장히 (맵다 + 아요/어요).
ものすごく

④ 제 고향에는 (아름답다 + 은) 산과 맑은 강이 있어요.
美しい　澄んでいる

14-04

14-2 用言語幹＋고　～て，～し〔状態・動作の羅列〕

状態・性質を並列的に羅列したり，動作・変化を時間に沿って羅列していくときに使われる語尾。尊敬形（～시/으시），過去形（～았/었/였），未来意志形（～겠）の後にも付く。

여름은 덥습니다. + 겨울은 춥습니다.
夏は暑いです。　冬は寒いです。

→ 여름은 덥고 겨울은 춥습니다.
夏は暑く，冬は寒いです。〔状態・性質の羅列〕

세수를 해요. + 밥을 먹어요.
顔を洗います。　ご飯を食べます。

→ 세수를 하고 밥을 먹어요.
顔を洗って，ご飯を食べます。〔動作・変化の羅列〕

■ 練習3 ■　次の2つの文を，～고を使って一つの文にし，完成した文を訳しなさい。

① 전철은 요금이 쌉니다. 빠릅니다.
［料金］　早い

② 오늘은 집에서 점심을 먹어요. 오후에 나가요.
出かける

③ 오전에는 청소를 해요. 오후에는 쇼핑을 해요.
掃除

注意

고と아서/어서/여서の違い

どちらの形も日本語の「～て」にあたるため，間違いやすい。この2つの形の使い方には，おおよそ以下のような傾向がある。

（1）状態・性質を列挙して言う場合 → 고

여름은 덥고 겨울은 춥습니다.　夏は暑く，冬は寒いです。

（2）前の事柄が原因で後ろの事柄が起きる場合 → 아서/어서/여서

많이 먹어서 배가 부릅니다.　たくさん食べてお腹がいっぱいです。

（3）前の事柄に続いて後ろの事柄が起きる場合 → 고または아서/어서/여서

いろいろな場合があるので，実際の例で覚えていくこと。

14-05

14-3 動詞·存在詞語幹＋는데　形容詞·指定詞語幹＋ㄴ데/은데

～が；～ますが，ですが〔前置き〕

는데，ㄴ데/은데は，ある事柄を説明する上での背景や状況を言うときに使う語尾。動詞・存在詞と形容詞・指定詞で使う形が違う。過去形（～았/었/였），未来意志形（～겠）の後では는데を使う。

	母音語幹	ㄹ語幹	子音語幹
動詞·存在詞·었·겠	語幹＋는데（ㄹ語幹はㄹ脱落）		
形容詞·指定詞	語幹＋ㄴ데	語幹（ㄹ脱落）＋ㄴ데	語幹＋은데

오다 → 오 + 는데
降る　動詞語幹

비가 오는데 우산은 있어요?
雨が降っていますが，傘はありますか。

팔다 → 파 + 는데
売る　動詞ㄹ語幹　ㄹ脱落

안주는 파는데 술은 안 팔아요.
つまみは売っていますが，酒は売っていません。

비싸다 → 비싸 + ㄴ데
高い　形容詞母音語幹

좀 비싼데 다른 집에 갈까요?
ちょっと高いんですが，他の店に行きますか。

가늘다 → 가느 + ㄴ데
細い　形容詞ㄹ語幹　ㄹ脱落

실이 너무 가는데 끊어지지 않아요?
糸がとても細いんですが，切れませんか。

작다 → 작 + 은데
小さい　形容詞子音語幹

좀 작은데 다른 것 없어요?
ちょっと小さいんですが，別のものありませんか。

・는데は逆接の意味（～のに）でも使われる。

비가 오는데 우산이 없어요. 雨が降っているのに，傘がありません。

■ 練習4 ■ 例のように，a の語句と b の語句を는데か ㄴ데/은데で結びつけて言ってみよう。

例 a. 비가 오다 b. 우산은 있어요? → 비가 오는데 우산은 있어요?

① a. 내일 이사를 가다 明日，引越しする
b. 좀 도와 주세요. ちょっと手伝ってください。

② a. 이 김치는 좀 맵다 このキムチはちょっと辛い ➡ 맵다は〈ㅂ変〉
b. 안 매운 김치 없어요? 辛くないキムチありませんか。

③ a. 눈이 많이 내렸다 雪がたくさん降った
b. 길이 미끄럽지 않을까요? 道が滑りやすくないでしょうか。

14-06 14-4 名詞+가/이 되다 ～になる

日本語と異なり，助詞가/이を使う。日本語を直訳して에 되다としないように。

변호사(母音終) + 가 되다 [弁護士]	그 사람은 변호사가 됐어요. 彼は弁護士になりました。
물(子音終) + 이 되다 水	얼음이 물이 됐어요. 氷が水になりました。

■ 練習5 ■ a, b に①②の語句を適当な形に変えて入れ，会話を完成させよう。さらに，完成した文を訳しなさい。

A：(a)가/이 되었죠? B：(b)아요/어요/여요.

① a. 김승우 씨는 변호사 [弁護士] b. 아니요. 판사이다 裁判官 ➡ 指定詞이다なので예요/이에요を使う

② a. 그 책은 많은 도움 助け b. 네, 덕분에 리포트를 쓸 수 있었다 おかげさまで

■**作文練習**■ 次の日本語を訳しなさい。指示がない場合，文末は해요体にしなさい。

① さっき(아까)道(길)で財布(지갑)を拾いました。(拾う 줍다〈ㅂ変〉)

② 昨日は怖い話(이야기)を聞いて，眠れませんでした。
(怖い 무섭다〈ㅂ変〉，眠る 잠을 자다)

③ 試験問題(시험 문제)はやさしかったですが，成績(성적)はよくありませんでした。
(やさしい 쉽다〈ㅂ変〉) ➡「やさしかったですが」の部分では，丁寧の表現は要らない。

④ これは大きくておいしいイチゴ(딸기)です。(大きい 크다)

⑤ 朝は必ず(꼭)ご飯を食べて出かけます。(出かける 나가다)
➡「朝は」の部分は「朝には」と訳す。

⑥ このお菓子(과자)はとても(너무)甘いんですが，全部(다)食べられますか。
(甘い 달다)

⑦ 昨日は山登りをして，4時間以上(이상)歩きました。(山登りをする 등산하다，歩く 걷다〈ㄷ変〉)(합니다体で)

⑧ 図書館で借りた本は参考(참고)になりましたか。(借りる 빌리다)

14-07

語彙を増やそう(12) いろいろな副詞

곧 すぐに，바로 ちょうど，まさに，잠깐 ちょっと(の間)，갑자기 急に，빨리 早く，천천히 ゆっくり，아직 まだ，가끔 時々，자주 よく，しきりに，다시 ふたたび，또 また，조금 少し，좀 ちょっと，아주 とても，너무 あまりに，〜すぎる，다 すべて，많이 たくさん，같이 いっしょに，잘 よく，참 実に，全く，정말 本当に

韓国の食文化

韓国では食事の時，基本的に젓가락（箸）と숟가락（スプーン）を使います。ご飯とスープはスプーンを，おかずなどはお箸を使います。そして日本ではお箸を横向きに置きますが，韓国では右側・縦方向に置きます。

また，韓国ではご飯やスープの器を手に持ってはいけません。日本と違って食器を持って食することはマナー違反です。ただ，もとより器が大きく，金属製のものが多かったので，重かったり，熱かったりで持つことができなかったのかも知れません。

そして，和食は食材の持ち味を生かすのが料理の基本とされますが，韓国料理は食材の多彩な味を総合的に楽しむ食文化です。その代表的なものがビビンバ（비빔밥）です。見方によっては「ぐちゃぐちゃ混ぜる」ことになりますが，「きれいに混ぜあわせ」て，いろいろな食材の味と香りを堪能します。

韓国人は具が載せてある料理は本能的？に混ぜてしまいます。もちろん，カレーライスだってきれいに混ぜ合わせて食べます。

ある若い日本人女性がソウルを一人旅した時のお話。ビビンバの専門店に入り，色とりどりのビビンバをゆっくり目で吟味しながら食べていたら，業を煮やした，おせっかいな店の人が駆けつけ，彼女の器を取り上げたかと思いきや，原形をとどめないくらいに混ぜ合わせて返してくれたそうです。文句も言えず，食べてみたら意外とおいしかったとか。みなさんも韓国に行ったら，ビビンバなどをおもいっきり混ぜ合わせて，総合的な味を楽しんでみてください。

第 15 課

ㅎ変則用言

15-01

会話本文

‖電話での会話‖

1 다로 : 여보세요? 소라 씨!

2 소라 : 아, 다로 씨, 웬일이세요?

3 다로 : 지난번에 가르쳐 준 식당을 찾고 있는데요.

4 소라 : 아, 그 식당을 찾고 계세요? 지금 어디죠?

5 다로 : 서울은행 앞이에요. 여기서 어떻게 가면 돼요?

6 소라 : 거기서 왼쪽으로 조금만 더 가면 하얀 간판이
보일 거예요.

7 다로 : 잠깐만요. 그런 간판은 안 보이는데요.

8 아, 오른쪽에 있네요!

9 소라 : 그럼 바로 그 옆 골목으로 들어가면 돼요.

15-02

● 発音で注意する部分 ●

2 웬일 ➡ 웬닐 ➡ 巻末「発音のまとめ」参照

5 서울은행 ➡ 서우르냉　　어떻게 ➡ 어떠케

6 보일 거예요 ➡ 보일꺼에요

7 잠깐만요 ➡ 잠깐만뇨 ➡ 巻末「発音のまとめ」参照

8 있네요 ➡ 인네요

● 単語・語句 ●

1 ◆ 여보세요? もしもし。

2 ◆ 웬일 何事，どういうこと　◆ 웬일이세요? どうされたんですか。

3 ◆ 지난번 この前，この間　◆ 가르치다______

◆ 어 주다 ～てくれる；～てあげる　◆ 식당______　◆ 찾다______

◆ 는데요 ～ですが〔cf. ㄴ데요/은데요〕

5 ◆ 서울은행 ソウル[銀行]（銀行の名前）　◆ 앞______

◆ 여기서 여기에서（ここから）の縮約形　◆ 어떻게 どのように，どう

◆ 면 되다 ～ればよい　◆ 면 ～れば（語尾）〔cf. 으면〕

6 ◆ 거기서 거기에서（そこで）の縮約形　◆ 왼쪽 左，左側

◆ 으로 ～の方に〔cf. 로〕　◆ 만 ～だけ　◆ 더 もっと　◆ 하얀 > 하얗 + 은

◆ 하얗다〈ㅎ変〉白い　◆ 간판[看板]　◆ 보이다 見える

7 ◆ 잠깐만요 ちょっと待ってください。　◆ 잠깐(만) ちょっとの間

◆ 그런 > 그렇 + 은　◆ 그렇다〈ㅎ変〉そうだ,そのようだ

8 ◆ 오른쪽 右，右側

9 ◆ 그럼 それでは，では　◆ 바로 ちょうど，まさに　◆ 옆______

◆ 골목 路地，細道　◆ 들어가다 入る，入っていく

15-03

15-1 ㅎ(히읗)変則用言（ㅎ変）

母音아/어で始まる語尾が続く場合は，これまでにない変化が起こるので気をつける。この変則用言に属するのは**形容詞だけ**なので，変則かどうかの区別は比較的容易である。

（1） ㅎ変則用言とは

語幹末音節の終声がㅎである形容詞（좋다を除く）

그렇다 そうだ

語幹末終声がㅎ

他に，이렇다（こうだ），노랗다（黄色い），하얗다（白い） など

注意

動詞，および좋다（よい）は規則的な活用をする。

基本形が2音節の用言の場合，ㅎ変則はなくすべて正則。

〔変則でないもの〕낳다（産む），놓다（置く），닿다（着く），넣다（入れる）など

(2) ㅎ変則用言の特徴

① 으で始まる語尾が続くとき，語幹末終声ㅎと으が脱落する。

語幹末終声ㅎ＋語尾 으～ → ナシ

어떻다　어떻 + 은　→ 어떤 どんな～
どうだ　ㅎ + 으　→ ナシ

어떤 동물을 좋아하세요? どんな［動物］がお好きですか。

② 아/어で始まる語尾が続くとき，語幹末母音，終声ㅎと아/어が母音のㅐに変わる。

語幹末母音＋語幹末終声ㅎ＋語尾 아/어～ → 母音ㅐ

어떻 + 었어요 → 어땠어요? どうでしたか。
母音＋ㅎ＋어 → ㅐ

일본은 어땠어요? 日本はどうでしたか。

注意

語幹末の母音が陽母音，陰母音，いずれのときもㅐになる。
ただし，色を表す形容詞で語幹末の母音が陰母音のときは，ㅔとなる。뻘겋다（赤い）→ 뻘게～
　また，하얗다（白い）の場合は하얘～，뿌옇다（白っぽく濁っている）の場合は뿌예～となる。

▶ ㅎ変則用言（ㅎ変）

	ㅎ変則		正則
	빨갛다（赤い）	그렇다（そうだ）	좋다（よい）
지만（～だが）	빨갛지만	그렇지만	좋지만
은（～した～, ～な～）	빨간	그런	좋은
았/었어요（～でした , ました）	빨갰어요	그랬어요	좋았어요

■ **練習1** ■　次の用言を，1）～은（～した , ～な），2）～았/었어요（～でした，ました）の形にして言ってみよう。

例 어떻다　1）어떤　2）어땠어요

① 이렇다〈ㅎ変〉こうだ　② 파랗다〈ㅎ変〉青い

③ 하얗다〈ㅎ変〉白い　④ 놓다 置く

■ 練習2 ■ 例のように，（　　　）の中の用言と語尾を適当な形に変えて文を完成させよう。さらに，完成した文を訳しなさい。

例 일본은 (어떻다 + 었어요)?　→ 일본은 어땠어요?

① (파랗다 + 은) 하늘과 (하얗다 + 은) 구름이 참 아름다워요.
空　雲

② (이렇다 + 은) 옷은 (어떻다 + 어요)?

③ 오늘은 날씨가 참 (좋다 + 아요).
天気

④ 눈이 (하얗다 + 아서) 눈이 부셔요.
雪　目　まぶしい

15-04

15-2 用言語幹＋면/으면　～れば，～と，～たら〔仮定，条件〕

仮定や条件を表す語尾。用言語幹（指定詞含む）のほか，尊敬形（～시/으시），過去形（～았/었/였），未来意志形（～겠）の後にも付く。ㄹ語幹には면が付くので注意。

	母音語幹	ㄹ語幹	子音語幹
～れば，～と，～たら	語幹＋면	語幹（ㄹ脱落せず）＋면	語幹＋으면

가다 → 가 + 면　조금 가면 사거리가 있습니다.
行く　母音語幹　少し行けば交差点があります。

들다 → 들 + 면　이 토끼 인형이 마음에 들면 가져 가세요.
入る　ㄹ語幹　このウサギのぬいぐるみが気に入ったら持って行ってください。

있다 → 있 + 으면　좋은 집이 있으면 안내해 주세요.
ある・いる　子音語幹　よい店があれば［案内］してください。

■ 練習3 ■ aの語句とbの語句を면/으면で結びつけて言ってみよう。さらに，完成した文を訳しなさい。

① a. 서울에 오시다　b. 꼭 연락 주세요.
➡ 오시다は오다の尊敬。　必ず［連絡］➡ 연락の発音は側音化

② a. 고추장을 많이 넣다　b. 아주 매워요.
コチュジャン（唐辛子味噌）　入れる　➡ 매워요は変則用言。

③ a. 너무 힘들다　　　b. 학교에 오지 마세요.
　　つらい ➡ ㄹ語幹

④ a. 똑바로 가다　　　b. 왼쪽에 약국이 보여요.
　まっすぐ

15-05

15-3 用言語幹＋아도/어도/여도（＝連用形＋도） ～ても〔譲歩, 仮定〕

譲歩や仮定を表す語尾。縮約の形は連用形と同じで，連用形＋도の形と考えると覚えやすい。

	語幹末が陽母音	語幹末が陰母音	하다用言
～ても	語幹＋아도	語幹＋어도	하＋여도→해도

앉다*　→ 앉아도　　여기 앉아도 됩니까?
座る　　陽母音　　ここに座ってもよろしいですか。(許容)

*앉다, 앉아도の発音は, [안따], [안자도]。

먹다　→ 먹어도　　많이 먹어도 살찌지 않아요.
食べる　　陰母音　　たくさん食べても太りません。

시작하다 → 시작하여도 → 시작해도
始める　　하다用言

지금부터 시작해도 늦지 않습니다.　今から始めても遅くありません。

■ **練習4** ■　aの語句とbの語句を아도/어도/여도で結びつけて言ってみよう。さらに，完成した文を訳しなさい。

① a. 시간이 없으면 안 가다　　　b. 괜찮아요.

② a. 택시를 타고 싶다　　　b. 돈이 없어요.
　　お金

③ a. 좋은 대학에 들어가다　　　b. 공부 안 하면 의미가 없어요.
　　入る　　[意味]

④ a. 오카다 씨한테 전화를 걸다　　　b. 안 받아요.
　　出る

⑤ a. 저 두 사람은 자주 싸우다　　　b. 사실은 사이가 좋아요.
　　実　仲

15-06

15-4 動詞·存在詞語幹＋는데요　形容詞·指定詞語幹＋ㄴ데요/은데요
～ますが, ～ですが〔婉曲〕

는데요, ㄴ데요/은데요は文末で使われ, 日本語の「～ますが, ～ですが」と似た婉曲の意味を表す。形の使い方は는데, ㄴ데/은데と同じなので, 14-3 を参照すること。

없다 (ない, いない)　시간이 없는데요*.　時間がないんですが。*発音は［엄는 ~］

알다 (知る)　그 사람은 저도 잘 아는데요.
その人は私もよく知っているんですが。

갔다 (行った)　어제 학교에 갔는데요.　昨日学校に行ったんですが。

작다 (小さい)　이 구두 좀 작은데요.　この靴ちょっと小さいんですが。
힘들다 (つらい)　지금은 좀 힘든데요.　今はちょっとつらいんですが。
학생이다 (学生だ)　저는 학생인데요.　私は学生なんですが。

> 注意　母音終わりの名詞+指定詞 이다の場合, 会話では語幹の 이 が省略されることがある。저기 あそこ → 저기인데요, 저긴데요　あそこですが

■ **練習5** ■　①～③の語句と는데요を使って日本語に合うように文を作り,（　　　）の中に入れなさい。

A：내일 같이 설악산에 가요.　B：（　　　　　　　）.
明日一緒に [雪岳山] に行きましょう。

① 내일/약속/있다　（→ 明日は[約束]があるんですが）　➡ 鼻音化の発音に注意。
② 내일/고향/가다　（→ 明日は[故郷]へ行くんですが）
③ 내일/집/동생/놀다　（→ 明日は家で弟／妹と遊ぶんですが）

■ **練習6** ■　会話が完成するように, ①～③の語句にㄴ데요/은데요をつけて,（　　　）の中に入れなさい。

A：어떻습니까?　B：（　　　　　　　　　）.
どうですか。

① 맛이 싱겁다　味が薄い　　② 딱 좋다　ちょうどいい
➡ ㅂ変則

③ 글이 좀 길다　文章がちょっと長い

15-07

15-5 用言語幹＋면/으면 되다　～ればよい

適当な方法を尋ねたり，答えたりする場合に使う表現。次の～면/으면 안 되다の表現と一緒に覚えておこう。

가다 → 가면 되다　　어느 쪽으로 가면 돼요?
行く　母音語幹　　どちらの方に行けばいいんですか。

열다 → 열면 되다　　이 문을 열면 돼요?
開ける　ㄹ語幹　　このドアを開ければいいですか。

넣다 → 넣으면 되다　　여기에 표를 넣으면 됩니까?
入れる　子音語幹　　ここに切符を入れればいいんですか。

■練習7■　a, bの部分に①～③の表現を入れて言ってみよう。さらに，完成した文を訳しなさい。

A：(a)면/으면 됩니까?　　B：(b)면/으면 돼요.

① a. 돈은 얼마쯤 있다　　b. 오만 원쯤 있다
くらい

② a. 내일 몇 시에 모이다　　b. 여덟 시 반에 모이다
集まる

③ a. 이 서류는 어떻게 보내다　　b. 메일로 보내 주시다
［書類］　どのように　　メール

15-08

15-6 用言語幹＋면／으면 안 되다　～てはいけない〔禁止〕

禁止，不許可を表す表現。안 되다で「だめだ，いけない」の意味になる。

하다 → 하면 안 되다　　거짓말을 하면 안 됩니다.
する，言う　母音語幹　　うそを付いてはいけません。
➡ 거짓말の発音は鼻音化

들다 → 들면 안 되다　　감기가 들면 안 되니까 조심하세요.
入る　ㄹ語幹　　風邪を引いてはいけないので注意してください。

읽다 → 읽으면 안 되다　　어두운 곳에서 책을 읽으면 안 돼요.
読む　子音語幹　　暗いところで本を読んではいけません。

■ **練習8** ■ 次の語句と면/으면 안 돼요の表現を使って，（　　　）内の日本語に合うように文を作りなさい。

① 여기서 / 사진 / 찍다 （→ ここでは写真を撮ってはいけません。）

② 술 / 마시다 / 운전하다 （→ 酒を飲んで［運転］してはいけません。）

③ 교실 / 떠들다 （→ 教室で騒いではいけません。） ➡ 떠들다はㄹ語幹用言。

■ **作文練習** ■ 次の日本語を訳しなさい。指示がない場合，文末は해요体にしなさい。

① 先生，お疲れですか。目（눈）が赤いです。（疲れている 피곤하다，赤い 빨갛다〈ㅎ変〉） ➡「お疲れですか」の部分は尊敬の表現を使う。

② ここで釣り（낚시）をしてもいいですか。

③ バスに乗れば10分，歩けば30分ぐらいかかります。
（乗る 타다，歩く 걷다〈ㄷ変〉，かかる 걸리다）

④ 建物（건물）の中で，たばこを吸ってはいけないんですが。

⑤ あの交差点（사거리）で左に（왼쪽으로）行けば，郵便局が見えます。

⑥ 天気（날씨）が暑すぎて，風（바람）が吹いても涼しくありません。
（～すぎる 너무～，吹く 불다，涼しい 시원하다）

⑦ いくら（아무리）考えても，彼（그）が間違っています。（考える 생각하다，間違う 틀리다） ➡「間違っている」は「間違った」と過去形で訳す。

⑧「タクシーはどこで乗ればいいんですか。」（합니다体で）
「あそこのタクシー乗り場（타는 곳）でお乗りになればいいんです。」

15-09

語彙を増やそう（13） いろいろな形容詞

크다 大きい，작다 小さい，길다 長い，짧다 短い，높다 高い，낮다 低い，멀다 遠い，가깝다 近い，많다 多い，적다 少ない，덥다 暑い，춥다 寒い，맵다 辛い，좋다 よい，나쁘다 悪い，고맙다 ありがたい，미안하다 すまない，아프다 痛い

第 16 課

으/르/러変則用言

16-01

会話本文

‖大学の食堂で‖

1 다로 : 민수 씨, 오랜만이에요.

2 민수 : 도서관에 가는 길에 들렀어요.

3 요즘 바쁘죠?

4 다로 : 네, 귀국 준비로 이번 주말엔 좀 바빠요.

5 오늘은 친구 선물도 사야 해요.

6 민수 : 일본에 가서 연락하는 거 잊어버리면 안 돼요.

7 제 카카오 계정 바뀐 거 알죠?

8 다로 : 어, 몰랐어요. 가르쳐 주세요.

나중에 카톡할게요.

16-02

● 発音で注意する部分 ●

6 연락하는 ➡ 열라카는

8 카톡할게요 ➡ 카토칼께요

● 単語・語句 ●

1 ◆오랜만 久しぶり

2 ◆도서관______ ◆길 途中;道

◆ 들렀어요 > 들르 + 었어요　◆ 들르다〈으変〉立ち寄る

3 ◆ 요즘______　◆ 바쁘다〈으変〉忙しい

4 ◆ 귀국 [帰国]　◆ 준비______　◆ 이번______　◆ 수말______

◆ 엔 에는 (には) の縮約形　◆ 바빠요 > 바쁘 + 아요

5 ◆ 친구______　◆ 선물______　◆ 사다______

◆ 아야 하다 ~なければいけない〔cf. 어야 하다, 여야 하다〕

6 ◆ 연락하다 [連絡] する　◆ 거 것 (こと) の縮約形

◆ 잊어버리다 忘れる, 忘れてしまう

◆ 어 버리다 ~てしまう〔cf. 아 버리다, 여 버리다〕

◆ 안 되다 だめだ, いけない

7 ◆ 카카오 スマートフォンのメッセンジャーアプリ「カカオトーク」

◆ 계정 アカウント　◆ 바뀌다 変わる

8 ◆ 어 あっ (感嘆詞)　◆ 몰랐어요 > 모르 + 았 + 어요

◆ 모르다〈르変〉知らない, わからない　◆ 나중 あと

◆ 카톡 카카오톡 (カカオトーク) の縮約形

16-03

16-1 으変則用言 (으変)

語幹末音節が母音の「ㅡ」で終わる用言は, 르変則 (→ 16-2), 러変則 (→ 16-3) のものを除き, すべてこの変則に属する。母音아/어で始まる語尾が続くときだけ, 形が変化する。

(1) 으変則用言とは

語幹末音節が母音の「ㅡ」で終わる用言の大部分

바쁘다 忙しい

語幹末母音ㅡ

他に, 아프다 (痛い), 크다 (大きい) など

(2) 으変則用言の特徴

아/어で始まる語尾が続くとき, 語幹末母音ㅡと아/어が母音ㅏ/ㅓに変わる

語幹末の母音 ㅡ + 語尾 아/어~ → ㅏ/ㅓ~

注意 ㅏになるかㅓになるかは，「ㅡ」の前の母音が陽母音か陰母音かによる。なお，語幹が1音節のときはかならずㅓになる。

바쁘다　　바쁘　　+　아요　→　바빠요　忙しいです
忙しい　陽母音　ㅡ　+　아～　→　ㅏ～

슬프다　　슬프　　+　어요　→　슬퍼요　悲しいです
悲しい　陰母音　ㅡ　+　어～　→　ㅓ～

쓰다　　쓰　　+　어요　→　써요　書きます
書く　語幹1音節　ㅡ　+　어～　→　ㅓ～

월요일은 제일 바빠요.　月曜日は一番忙しいです。
기르던 개가 죽어서 슬퍼요.　飼っていた犬が死んで悲しいです。
매일 밤에 일기를 써요.　毎日夜に[日記]を書きます。

▶으変則用言（으変）

	바쁘다（忙しい）	슬프다（悲しい）	쓰다（書く・使う）
지만（～だが）	바쁘지만	슬프지만	쓰지만
ㄴ/은 （～した～，～な～）	바쁜	슬픈	쓴
았/었어요 （～でした，ました）	바빴어요	슬펐어요	썼어요

■練習1■　次の用言を1）아요/어요（～です，ます），2）～았어요/었어요（～でした，ました）の形にして言ってみよう。

例　바쁘다　　1）바빠요　　2）바빴어요

① 예쁘다〈으変〉きれいだ

② 크다〈으変〉大きい

③ 따르다〈으変〉従う

■ **練習2** ■ 例のように，(　　　　) の中の用言と語尾を適当な形に変えて文を完成させよう。さらに，完成した文を訳しなさい。

例 월요일은 제일 (바쁘다＋아요/어요).

→ 월요일은 제일 **바빠요**. 月曜日は一番忙しいです。

① 여기에 주소를 (쓰다＋아/어) 주세요.
　　　［住所］

② 이가 (아프다＋아서/어서) 밥을 못 먹겠어요.
歯

③ 주무실 때는 불을 반드시 (끄다＋아/어) 주세요.
　　　明かり　必ず　消す

④ 어릴 때는 키도 (크다＋고) 얼굴도 (예쁘다＋았/었어요).
幼い　背　顔　かわいい

16-04

16-2 르変則用言 (르変)

語幹末音節が르である用言の大部分は，この르変則用言である。으変則用言と同様，母音아/어で始まる語尾が続くときだけ，形が変化する。

(1) 르変則用言とは

語幹末音節が르である用言の大部分

모르다 知らない
語幹末르

他に，**다르다** (異なっている)，**부르다** (呼ぶ) など

> **注意** 語幹末音節が르である用言はすべて変則用言である。
> その大部分は르変則用言だが，一部の用言は別の変則になる。
> 〔르変則でないもの〕
> **따르다** (従う)，**치르다** (支払う) など → 으変則 (→ 16-1)
> **이르다** (至る)，**푸르다** (青い) など → 러変則 (→ 16-3)

(2) 르変則用言の特徴

아/어で始まる語尾が続くとき，語幹末音節르と아/어が ㄹ라/ㄹ러に変わる。

語幹末音節 르 ＋ 語尾 아/어～ → **ㄹ라/ㄹ러**～

注意 ㄹ라になるかㄹ러になるかは，르の前の音節の母音が陽母音か陰母音かによる。

빠르다　빠르 ＋ 아요 → 빨라요　早いです

早い　陽母音 ＋ 르 ＋ 아 → ㄹ라～

부르다　부르 ＋ 어 → 불러　歌って

歌う　陰母音 ＋ 르 ＋ 어 → ㄹ러～

버스보다 전철이 더 빨라요.　バスより電車がもっと早いです。

일본 노래를 불러 주세요.　日本の歌を歌ってください。

▶ 르変則用言（르変）

	빠르다（早い）	부르다（呼ぶ）
지만（～だが）	빠르지만	부르지만
ㄴ/은（～した～，～な～）	빠른	부른
았/었어요（～でした，ました）	빨랐어요	불렀어요

■練習3■　次の用言を1）아요/어요（～です，ます），2）～았어요/었어요（～でした，ました）の形にして言ってみよう。

例　빠르다　　1) 빨라요　　2) 빨랐어요

① 다르다〈르変〉異なっている　　② 모르다〈르変〉知らない

③ 흐르다〈르変〉流れる

■練習4■　例のように，（　　　）の中の用言と語尾を適当な形に変えて文を完成させよう。さらに，完成した文を訳しなさい。

例　버스보다 전철이 더 (빠르다＋아요/어요).

→ 버스보다 전철이 더 빨라요.　バスより電車がもっと早いです。

① 강물은 (흐르다＋아서/어서) 바다로 갑니다.

川の水　流れる　海

② 길을 잘 (모르다＋아서/어서) 인터넷에서 찾았어요.
インターネット　調べる

③ 요즘 물가가* 너무 빨리 (오르다＋아요/어요).　　*물가は[물까]と発音
[物価]　早く　上がる

④ 고양이를 두 마리 (기르다＋고) 있어요.
ネコ　匹　飼う

16-05

16-3 러変則用言 (러変)

러変則用言に属すのは，푸르다（青い），이르다（至る），누르다（黄色い），노르다（黄色い）の4語とその合成語のみ。　➡ 누르다，노르다は現在ほとんど用いられない。

러変則用言は，아/어で始まる語尾が続くとき形が変わる。

語幹末 르 + 語尾 어~ → 르러~

푸르다　푸르 ＋ 어요 → 푸르러요　青いです
青い　르 ＋ 어 → 르러

▶ 으変則，르変則，러変則の区別

1）語幹末音節が「르」以外の場合 → すべて으変則

2）語幹末音節が「르」の場合

① 들르다(立ち寄る)，따르다(従う;注ぐ)，치르다(支払う)，다다르다(至る)
→ 으変則

② 푸르다，이르다(至る)，누르다(黄色い)，노르다 → 러変則

③上の①②の語以外 → 르変則

注意

基本形が似ていても形の取り方が異なる場合がある。

따르다 従う → 으変
다르다 異なっている → 르変

누르다 押す → 르変
누르다 黄色い → 러変

이르다 言う；早い → 르変
이르다 至る → 러変

■ **練習5** ■　(　　　　) の中の用言と語尾を適当な形に変えて文を完成させよう。さらに，完成した文を訳しなさい。

① 이 문제는 (모르다＋아서/어서) 못 풀었어요.
解く

② 아침을 못 먹어서 배가 (고프다＋아요/어요).
腹　空いている

③ 이 회사는 2010년대에 (이르다＋아서/어서) 더욱 발전했습니다*.
［年代］　至る　ますます［発展］

＊발전は［발쩐］と発音

④ 나올 때 문을 (잠그다＋았/었어요)?
出る　（鍵を）閉める

16-06

16-4 動詞連用形（語幹＋아/어/여）＋버리다　〜してしまう

動作の完了・実現を表す表現。버리다は，「捨てる」という意味で普通の動詞としても使われる。

자다 寝る	→ 자 버리다 寝てしまう	아침에 늦잠을 자 버렸어요. 朝寝坊してしまいました。
잊다 忘れる	→ 잊어 버리다 忘れてしまう	전화번호를 잊어버렸어요*. 電話番号を忘れてしまいました。

＊잊어버리다は一つの単語とみなすので分かち書きしない。

쓰다 書く	→ 써 버리다	한자를* 잘못 써 버렸어요. ［漢字］を間違って書いてしまいました。

＊한자は［한짜］と発音

■ **練習6** ■　次の語句と아/어/여 버리다の表現を使って，(　　　　) 内の日本語に合うように文を作りなさい。文末は해요体にすること。

① 버스/지나가다　(→ バスが通り過ぎてしまいました。)

② 지갑/잃다　(→ 財布をなくしてしまいました。)

③ 이미/짐/차/싣다　(→ もう荷物を車に載せてしまいました。)

➡ ㄷ変則

16-07

16-5 用言語幹＋아야/어야/여야 되다(하다) (＝連用形＋야 되다(하다)) ～なければいけない

아야/어야/여야は「～(し)てこそ」という意味で強調を表す語尾。되다の代わりに하다が付いた아야/어야/여야 하다という形もあり，ほぼ同じような意味で使われる。この表現は，用言の連用形に야 되다あるいは야 하다が付いた形と覚えるとよい。

사다 → 사 + 아야 하다		친구에게 줄 선물을 사야 합니다.
買う	陽母音	友だちにあげるおみやげを買わなければいけません。
있다 → 있 + 어야 되다		돈이 더 있어야 돼요.
ある・いる	陰母音	お金がもっとなければいけません。
기르다 → 기르 + 어야 되다 → 길러야 되다		
飼う 르変則	陰母音	반려동물은 끝까지 길러야 돼요.
		ペットは最後まで育てなければいけません。

■練習7■ a，b，cに①～③の語句を適当な形に変えて入れ，会話を完成させよう。

A：(a)ㄹ/을 수 있어요?

B：(b)아서/어서 (c)아야/어야 돼요.

① a. 이 책을 빌려 주다 この本を貸してくれる
   b. 숙제가 있다 [宿題]がある　　c. 저도 읽다 私も読む

② a. 오늘 같이 놀다 今日,一緒に遊ぶ
   b. 감기가 들다 風邪を引く　　c. 오늘은 쉬다 今日は休む

③ a. 이따가 시간 좀 내주다 後で[時間]を少し割く
   b. 약속이 있다 [約束]がある　　c. 빨리 나가다 早く出る

16-08

16-6 話し言葉で使う表現（縮約形）

話し言葉では，名詞あるいは名詞+助詞などの形が縮約されて使われることがある。初級段階でこれらの縮約形を無理に使う必要はないが，聞き取りのときは必要なので，覚えておいた方がよい。

(1) 것（こと・もの）→ 거

이것/그것/저것 これ/それ/あれ → 이거/그거/저거

것은 ことは → 건　　것이 ことが → 게　　것을 ことを → 걸

것으로 ことで／に → 걸로

이것이 어때요? これはどうですか。→ 이게 어때요?

이것을 아세요? これをご存知ですか。→ 이걸 아세요?

이것으로 할게요. これにします。→ 이걸로 할게요.

➡ いくつかの物の中から選択するときには로/으로を使う

(2) 무엇（何）→ 뭐

무엇이 何が → 뭐가　무엇을 何を → 뭘　무엇으로 何で → 뭘로

무엇을 보세요? 何を見ていらっしゃるんですか。→ 뭘 보세요?

(3) 는（は）→ ㄴ，를（を）→ ㄹ

저는 私は → 전　　에는 には → 엔　　저를 私を → 절

저를 부르셨어요? 私を呼ばれましたか。→ 절 부르셨어요?

➡ 는の縮約は,助詞の場合のみ。現在連体形の語尾는は縮約されないので注意。

(4) 에서（で・から）→ 서

여기에서 ここで(から) → 여기서　　어디에서 どこで(から)→ 어디서

어디에서 오셨어요? どこから来られたんですか。→ 어디서 오셨어요?

(5) 이（指定詞語幹）の省略

누구입니까? 誰ですか。→ 누굽니까?

다나카 씨입니다. 田中さんです。→ 다나카 씹니다.

■練習8■　次の文の下線部を縮約形に替えて言ってみよう。さらに文を訳しなさい。

① 여기는 금요일에는 항상《いつも》 손님이 많아요.

② 이것이 무엇이에요?

③ 저것이 저희 학교입니다.

■ **作文練習** ■　次の日本語を訳しなさい。指示がない場合，文末は해요体にしなさい。

① 「ここにお名前（성함）をお書きください。」「ここに書けばいいんですか。」
（ 書く 쓰다〈으変〉）

② 合格（합격）してうれしかったです。あまりにも（너무）うれしくて涙（눈물）が出ました。
（ うれしい기쁘다〈으変〉，出る 나다 ）

③ ちょっと寒いので，エアコン（에어컨）を切ってくれませんか。
（ 切る 끄다〈으変〉，～くれませんか ～주시겠어요 ）

④ 韓国朝鮮語（한국어）を1年間（동안）勉強しましたが，まだ（아직）下手です。
（ 下手だ 서투르다〈르変〉）

⑤ バスから降りるとき（때）は，このボタン（버튼）を押してください。
（ 降りる 내리다，押す 누르다〈르変〉）

⑥ パスポート（여권*）をなくしてしまいました。どこに行けばいいんですか。
（ なくす 잃다 ）　*여권は［여꿘］と発音。

⑦ ちょっと忙しいんですが，今すぐに（바로）行かなければなりませんか。

⑧ 「レポート（리포트）はいつまでに出さなければいけませんか。」「木曜日までに出してください。」（ 出す 내다 ）

➡「までに」は直訳せず「まで」と訳す。

16-09

語彙を増やそう（14）　いろいろな動詞（2）

*変則用言に注意しよう。

걷다 歩く，줍다 拾う，싣다 載せる，웃다 笑う，낫다 治る；すぐれている（形容詞），보이다 見える;見せる，짓다 建てる，作る，흐르다 流れる，따르다 従う；注ぐ，모르다 知らない，わからない

◆ 辞書の使い方 ◆ （単語を引くときどうするか）

❶ 最初の子音字（初声）が何か。

辞書の配列 → ㄱ(ㄲ)ㄴㄷ(ㄸ)ㄹㅁㅂ(ㅃ)ㅅ(ㅆ)ㅇㅈ(ㅉ)ㅊㅋㅌㅍㅎ

・濃音はそれぞれの平音の後に入っているので注意

・母音で始まっている単語（아이など）は，ㅇのところを見る。

❷ 次の母音字（中声）が何か。

辞書の配列 → ㅏ ㅐ ㅑ ㅒ ㅓ ㅔ ㅕ ㅖ ㅗ ㅘ ㅙ ㅚ ㅛ ㅜ ㅝ ㅞ ㅟ ㅠ ㅡ ㅢ ㅣ

・ㅘなどの重母音字は左側の字の後ろ（ㅘの場合はㅗの後）になる。

❸ 終声があるかないか。

終声なし → 終声あり（ㄱ ㄲ ㄳ ㄴ ㄵ ㄶ ㄷ ㄹ ㄺ ㄻ ㄼ ㄽ ㄾ ㄿ ㅀ ㅁ ㅂ ㅄ ㅅ ㅆ ㅇ ㅈ ㅊ ㅋ ㅌ ㅍ ㅎ）

・終声がないものが前にある。가 → 각 → 간 …

・２文字の終声は左側の文字の後ろに続く。（ㄵはㄴの後）

❹ 第１音節が同じ音の単語は，第２音節について上記の❶～❸のことを繰り返す。

가 → 가가 → 가간 → 가다 → 가히 → 각

▶ ❶～❹の前に，文に出ている形を辞書に載っている形にすること。

例 어디에 갑니까?

・갑니까の形で辞書を引いても載っていない。

・가は用言の語幹である → 基本形にする → 가다で引く

・ㅂ니까は語尾である → ㅂ니까で引く

■練習■ 次の単語を辞書に出てくる順番に並べ替えてみよう。

１）① 값（値段）　② 간장（醤油）　③ 가다（行く）　④ 깎다（削る，値切る）

２）① 경치（景色）　② 구두（靴）　③ 깨끗하다（清潔だ）　④ 거리（通り）

３）① 안　② 속　③ 옆　④ 밑

◆ 仮名とハングルの対応表 ◆

かな						ハングル				
ア	イ	ウ	エ	オ		아	이	우	에	오
カ	キ	ク	ケ	コ	語頭 語中・語末	가 카	기 키	구 쿠	게 케	고 코
サ	シ	ス	セ	ソ		사	시	스	세	소
タ	チ	ツ	テ	ト	語頭 語中・語末	다 타	지 치	쓰	데 테	도 토
ナ	ニ	ヌ	ネ	ノ		나	니	누	네	노
ハ	ヒ	フ	ヘ	ホ		하	히	후	헤	호
マ	ミ	ム	メ	モ		마	미	무	메	모
ヤ		ユ		ヨ		야		유		요
ラ	リ	ル	レ	ロ		라	리	루	레	로
ワ				ヲ		와				오
ン				ッ		ㄴ				ㅅ
ガ	ギ	グ	ゲ	ゴ		가	기	구	게	고
ザ	ジ	ズ	ゼ	ゾ		자	지	즈	제	조
ダ	ヂ	ヅ	デ	ド		다	지	즈	데	도
バ	ビ	ブ	ベ	ボ		바	비	부	베	보
パ	ピ	プ	ペ	ポ		파	피	푸	페	포
キャ		キュ		キョ	語頭 語中・語末	갸 캬		규 큐		교 쿄
ギャ		ギュ		ギョ		갸		규		교
シャ		シュ		ショ		샤		슈		쇼
ジャ		ジュ		ジョ		자		주		조
チャ		チュ		チョ	語頭 語中・語末	자 차		주 추		조 초
ニャ		ニュ		ニョ		냐		뉴		뇨
ヒャ		ヒュ		ヒョ		햐		휴		효
ビャ		ビュ		ビョ		뱌		뷰		뵤
ピャ		ピュ		ピョ		퍄		퓨		표
ミャ		ミュ		ミョ		먀		뮤		묘
リャ		リュ		リョ		랴		류		료

◆ 発音のまとめ ◆

1 激音化（→ 4-1）

❶ 終声　　初声　　終声　　初声

[ᵏ]（ㄱ ㅋなど）
[ᵗ]（ㄷ ㅅ ㅈなど）　＋　ㅎ　→　なし　＋　ㅋ ㅌ ㅍ
[ᵖ]（ㅂ ㅍなど）

축하（お祝い）→ 추카
못하다（できない）→ 모타다
입학（入学）→ 이팍

・ただし，終声がㅈのとき

ㅈ ＋ ㅎ → なし ＋ ㅊ　잊히다（忘れられる）→ 이치다

❷ 終声　初声　　終声　　初声

ㅎ ＋ ㄱ ㄷ ㅈ → なし ＋ ㅋ ㅌ ㅊ

좋다（よい）→ 조타　　　어떻게（どのように）→ 어떠케

2 2文字の終声の発音（→ 5-1）

❶ 原則として左側を読む。ただし，ㄺ，ㄻ，ㄿは右側を読む。

▶ 終声規則

発音	該当する終声	発音	該当する終声
ㄱ	ㄱ ㄲ ㅋ ㄳ ㄺ	ㅁ	ㅁ ㄻ
ㄴ	ㄴ ㄵ ㄶ	ㅂ	ㅂ ㅍ ㅄ ㄿ
ㄷ	ㄷ ㅌ ㅅ ㅆ ㅈ ㅊ ㅎ	ㅇ	ㅇ
ㄹ	ㄹ ㄼ ㄽ ㄾ ㅀ		

❷ ㄶ，ㅀの後ろに母音が続くとき → ㅎの音を発音せず，ㄴ ㄹを連音化して発音。

많이（たくさん）→ 마니　　싫어요（きらいです）→ 시러요

❸ 次の場合は，激音化が生じる。

ㄺ ㄼ ＋ ㅎ → ㄹ ＋ ㅋ ㅍ

밝히다（明かす）→ 발키다
밟히다（踏まれる）→ 발피다

ㄶ ㅀ ＋ ㄱ ㄷ ㅈ → ㄴ ㄹ ＋ ㅋ ㅌ ㅊ

괜찮다（かまわない）→ 괜찬타
앓고（患って）→ 알코

ㄵ ＋ ㅎ → ㄴ ＋ ㅊ

앉히다（座らせる）→ 안치다

3 鼻音化（1）（→ 3-1 ）

終声		初声		終声		初声	
[^{k}]（ㄱ ㅋなど）				ㅇ			삭년（[昨年]）→ 장년
[^{t}]（ㄷ ㅅ ㅈなど）	＋	ㄴ / ㅁ	→	ㄴ	＋	ㄴ / ㅁ	낱말（単語）→ 난말
[^{p}]（ㅂ ㅍなど）				ㅁ			입문（[入門]）→ 임문

4 鼻音化（2）（→ 8-1 ）

❶

終声		初声		終声		初声	
[^{k}]（ㄱ ㄲなど）				ㅇ			국립（[国立]）→ 궁닙
[^{t}]（ㄷ ㅌなど）	＋	ㄹ	→	ㄴ	＋	ㄴ	몇 리터（何リットル）→ 면니터
[^{p}]（ㅂ ㅍなど）				ㅁ			입력（[入力]）→ 임녁

❷

終声		初声		終声		初声	
ㅁ				ㅁ			음료수（飲み物）→ 음뇨수
ㅇ	＋	ㄹ	→	ㅇ	＋	ㄴ	정류장（停留所）→ 정뉴장

5 ㅎの無音化（→ 6-1 ）

終声　初声　　　　初声

ㄴㄹㅁㅇ ＋ ㅎ ＋ 母音 → ㄴㄹㅁㅇ ＋ 母音

전화（[電話]）→ 저놔　　결혼（[結婚]）→ 겨론

담화（[談話]）→ 다뫄　　안녕히（安らかに）→ 안녕이

6 口蓋音化（→ 6-2 ）

終声

ㄷ/ㅌ ＋ 이 → 지/치　　같이（一緒に）→ 가치　　굳이（強いて）→ 구지

・終声ㄷのあとに히が続くとき　　닫히다（閉まる）→ 다치다

7 側音化（→ 7-1 ）

終声		初声		終声		初声	
ㄴ	＋	ㄹ	→	ㄹ	＋	ㄹ	편리하다（「便利」だ）→ 펼리하다
ㄹ	＋	ㄴ					설날（元日）→ 설랄

8 ㄴ挿入

❶ 複合語（分かち書きの有無は関係ない）において，前語末に終声があり，後続語が［i］ないしは［j］で始まる場合（여，요，유など），間にㄴが挿入されて発音される。

웬일（何事）→ 웬닐
담요（毛布）→ 담뇨
잠깐만요（ちょっと待ってください）→ 잠깐만뇨
발음 연습（発音練習）→ 바름년습

❷ 前語の終声が［^{k}］［^{t}］［^{p}］の場合，挿入されるㄴの影響でさらに鼻音化が起こる。

한국 유학생（韓国留学生）→ 한궁뉴학쌩
꽃잎（花びら）→ 꼰닙
앞일（未来のこと）→ 암닐

❸ 前語の終声がㄹの場合，挿入されるㄴの影響でさらに側音化が起こる。

볼일（用事）→ 볼릴
서울역（ソウル駅）→ 서울력
입을 양복（着る背広）→ 이블량복

9 漢字音について

❶ 漢字音の頭音法則

（1）［i］,［j］に先行する語頭のㄴ，ㄹはすべて脱落する。ただし，朝鮮民主主義人民共和国（北朝鮮）では脱落しない。

女性　여성（＜男女　남녀）　　尼僧　이승（＜比丘尼　비구니）
両面　양면（＜車両　차량）　　理由　이유（＜文理　문리）

（2）（1）以外の語頭のㄹはすべてㄴになる。ただし，北朝鮮ではㄹのままである。

労働　노동（＜勤労　근로）　　論理　논리（＜理論　이론）
落書　낙서（＜堕落　타락）

❷ 韓国朝鮮語と日本語の漢字音は，よく似た音があるほか，異なっていても一定の対応関係を示すこともあり，覚えておくと便利である。以下では，代表的なものをいくつか紹介しておきたい。

（1）日本漢字音の「ハ行・バ行」はㅂまたはㅍに対応する。

歩道　보도　　避難　피난　　夫婦　부부

（2）日本漢字音の「カ行・ガ行」はㄱまたはㅎに対応する。

家族 가족　　幹部 간부　　教訓 교훈　　分割 분할

（3）日本漢字音の語末の「ち，つ」はㄹに対応することが多い。

一 일　　教室 교실　　出発 출발

cf. 立身 입신

（4）日本漢字音の語末の「ん」はㄴまたはㅁに対応する。

安心 안심　　非難 비난　　感想 감상

（5）日本漢字音の母音「-ai」はㅐまたはㅔに対応することが多い。

開始 개시　　妨害 방해　　微細 미세

cf. 会社 회사　　最近 최근　　市街 시가

（6）日本漢字音の母音「-e」はㅓまたはㅕに対応することが多い。

延長 연장　　分析 분석

◆ 韓国朝鮮語ー日本語索引 ◆

・基本的に最初に出たページを示したが，重要な説明がある場合，「語彙を増やそう」，発音規則の場合などでは，複数のページを示した。
・項目の太字は項目として学習している場合，ページ数の太字はその単語の詳しい説明があること，ページ数の斜体字は「語彙を増やそう」のページであることを示す。
・(～+)は以下の言葉に付いて用いられることを示す。

動－動詞，存－存在詞，形－形容詞，指－指定詞
陽－語幹末が陽母音，陰－語幹末が陰母音，하－하다用言
漢－漢語系数詞，固－固有語系数詞
母－母音語幹用言，子－子音語幹用言，ㄹ－ㄹ語幹用言
名母－母音終わりの名詞，名子－子音終わりの名詞

계시다	いらっしゃる（있다の尊敬形）	43
계절	［季節］	*72*
계정	アカウント	123
고	～て，～し（状態・動作の羅列）	109
고 계시다	～ていらっしゃる	80
고기	肉	16
고깃집	焼肉店	96
고등학교	［高等学校］，高校	39
고맙다	有り難い	*121*
고속버스	［高速］バス	45, *55*
고 싶다	～したい（希望）	86
고양이	ネコ	28
고 있다	～ている	80
고장나다	［故障］する	95
고추	唐辛子	8, 109
고추장	コチュジャン（唐辛子味噌）	117
고프다	〈으変〉空腹だ，ひもじい	128
고향	［故郷］	23
곧	すぐに	*112*
골목	路地，細道	115
곰	クマ（熊）	57
곱다	〈ㅂ変〉美しい	108
곳	ところ，場所	95
공	ゼロ	28
공부	勉強	46
공부하다	勉強する	27
공원	［公園］	22, *23*
공책	ノート	54
공항	［空港］	45, *55*
과	（子名+）～と	54
과일	果物	*63*, 93
과자	お菓子	63
광주	［光州］，クァンジュ（地名）	*104*
광화문 연가	［光化門恋歌］（歌のタイトル）	75
괜찮다	大丈夫だ，かまわない	34
괜찮아요.	大丈夫です。心配いりません。	17
굉장히	ものすごく	109
교과서	［教科書］	54
교류	［交流］	7
교복	制服	79
교시	（漢+）～時間目	30
교실	［教室］	95
교회	［教会］	23
구	［九］	28
구두	くつ	14, 30
구름	雲	117
국	汁，スープ	95
국립	［国立］	57
국민	［国民］	19
국어	［国語］	15
굳이	わざわざ，せっかく；わざと，故意に	42, 104
굳히다	固める	42
굽다	〈ㅂ変〉焼く	107
권	（固+）～冊	38
궤도	［軌道］	11
귀	耳	*97*
귀국	［帰国］	123
그	その；彼	26, 121
그것	それ	26
그냥	そのまま，ありのまま	80
그래서	それで	*81*
그래요	そうです（か）	7, 57
그래요?	そうですか?	75
그러나	しかし	32, *81*
그러니까	だから	*81*
그러면	そうならば，それなら	*81*
그런데	ところで	41, *81*
그럼	では，それでは	*75*, *81*
그렇다	〈ㅎ変〉そうだ，そのようだ	115
그렇지만	そうだが，だけども	*81*
그리고	それから，そして	75, *81*
그리다	描く	27
그림	絵	27
그립다	なつかしい	81
그저께	おととい	*39*
극장	映画館，［劇場］	23, *23*
근무하다	［勤務］する，勤める	41
근처	近所，近く	19, *31*
글	文，文章	102
글쎄요	さあ，そうですね	99
금방	すぐに	85
금요일	［金曜日］	22, *39*
긋다	〈ㅅ変〉（線を）引く	92
기다리다	待つ	60
기르다	〈르変〉飼う，育てる	124
기쁘다	〈으変〉うれしい	131
기숙사	（学校の）寮，［寄宿舎］	49
기여	［寄与］	7
길	道；途中	61, 122
길다	長い	21, *121*
김치	キムチ	13, 26, *63*
까지	～まで	45
깎다	（値段を）まける，削る	61

눈물	涙	131
눈썹	眉毛	*97*
는	(名母+) ~は	2,21
는	(動・存+) ~する…, ~している…	75
는데	(動・存+) ~が, ~けれど (前置き) ; ~のに (逆接)	110
는데요	(動・存+) ~ますが, ~ですが (婉曲)	119
늘	いつも	76
늦다	遅れる	79
늦잠	寝坊	128
늦잠을 자다	朝寝坊する	128
니	~か	2
니까	(母+) ~から, ~ので (理由)	101

ㄷ

다	すべて, 全部, すっかり	91, *112*
다니다	勤める, 通う	42
다다르다	〈으変〉至る	127
다르다	〈르変〉違っている, 異なっている, 別だ	16, 101, 125
다리	脚	7, 93, *97*
다섯	五つ	36
다시	もう一度, 再び	96, *112*
다음 달	来月	*72*
다음 주	来週	*72*, 83
단발머리	おかっぱ頭	13
단어	[単語]	15
단풍	紅葉	107
닫다	閉める	60, *89*
닫히다	閉まる	42
달	月	54
달나라	月の国	49
달다	甘い	77
달력	カレンダー, 暦	96
닭고기	鶏肉	*63*
담배	タバコ	39
담화	[談話]	41
당근	ニンジン	27
닿다	着く	115
대구	[大邱], テグ (地名)	*104*
대답하다	答える	59
대동강	[大同江]	*104*
대학	[大学]	23
대학생	[大学生]	46
대형	[大型]	25
대형 마트	[大型] スーパー	82
댁	お[宅] (집の尊敬形)	44
더	もっと, より	76
더 이상	これ以上	89
더욱	ますます	128
덕분에	おかげで, おかげさまで	111
던	~(し) た…, ~(し) ていた… ; ~た…	78
덥다	〈ㅂ変〉暑い	22, 107, *121*
도	~も	28
도구	[道具]	14
도로	[道路]	7
도서관	[図書館]	26
도움	助け	111
도착하다	着く, [到着] する	88
독립	[独立]	58
돈	お金	118
돌아가다	帰る, 帰って行く	80
돌아가시다	亡くなる (죽다の尊敬形)	43
돌아오다	帰る, 帰ってくる	49
돕다	〈ㅂ変〉助ける, 手伝う	107
동네	町, 町内	79
동대문시장	[東大門市場] (ソウルにある市場)	65
동물	[動物]	116
동생	弟, 妹	*47*, 78
동안	(時間的に) 間, 期間, ~間 (かん)	72
동쪽	東	*31*
돼지	豚	11
돼지고기	豚肉	*63*
되다	なる ; 構わない, よい	51, 118
두	二つの	37
두만강	[豆満江]	*104*
두통	[頭痛]	93
둘	二つ	36
뒤	後ろ	11, *31*
드라마	ドラマ	76
드리다	差し上げる	70, *89*
드시다	召し上がる (먹다, 마시다の尊敬形)	43
듣다	〈ㄷ変〉聞く	2, 28, **100**
들	(複数を表す語), ~たち	65
들다	持つ	61
들다	入る	117
들르다	〈으変〉立ち寄る	123
들어가다	入る, 入っていく	88,*89*
들어오다	入る, 入ってくる	*89*
등	~など	65

ㅅ

ㅇ

	〜ます(か);〜ましょう	
여우	きつね	5
여자	女性, 女	77
여학생	女子学生	78
여행	[旅行]	86
여행을 가다	[旅行]に行く	86
역	[駅]	*23*, 45
역사	[歴史]	25
연구실	[研究室]	84
연락	[連絡]	117
연락하다	[連絡]する	49, 123
연세	お歳(나이の尊敬形)	44
연세가 어떻게 되십니까?	お歳はおいくつでいらっしゃいますか?	44
연습	[練習]	63
연습하다	[練習]する	75
연필	[鉛筆]	71
열	十	36
열다	開ける;(店が)開く	51, 57, *89*
열쇠	鍵	95
열심히	一生懸命, 熱心に	51
열차	[列車]	*55*, 96
였	(하+)〜た	65
였던	(하+)〜(し)た…, 〜(し)ていた…;〜た…	78
영	ゼロ	28
영국	[英国], イギリス	89
영어	[英語]	69
영화	[映画]	52
옆	横, 隣	22, *31*
예	はい	5
예쁘다	〈으変〉きれいだ	77, 124
예순	60	36
예요	(名母+)〜です(か)	52
예정	[予定]	83
옛날	昔	19, 75
오	[五]	28
오늘	今日	22, *39*
오다	来る	22, *89*
오랜만	久しぶり	122
오르다	〈르変〉上がる	127
오른쪽	右, 右側	*31*, 115
오빠	お兄さん(妹から)	*47*
오이	きゅうり	5
오전	[午前]	*39*, 46
오후	[午後]	*39*, 46
올해	今年	*72*
옷	服	14, 63
와	(名母+)〜と	54
왜	なぜ, どうして	*81*, 103
외국	[外国]	85
왼쪽	左, 左側	*31*, 115
요리	[料理]	26
요즘	最近	75
우리	私たち;私	19, 70
우산	傘	110
우유	[牛乳]	5, *63*
우체국	郵便局	22, *23*
우표	切手	8, 87
운동장	[運動場]	78
운전하다	[運転]する	121
울다	泣く, 鳴く	77
웃다	笑う	86, 91, *131*
원	(漢+)〜ウォン(お金の単位)	30
월	(漢+)〜[月]	29
월요일	[月曜日]	*39*
웬일	何事, どういうこと	115
웬일이세요?	どうされたのですか。	115
위	上	*31*, 46
유월	6月	29
유학	[留学]	81
유학생	[留学生]	19
유학을 가다	[留学]する	81
유행하다	[流行]する	75
육	[六]	28
육수	汁	31
으니까	(子+)〜から, 〜ので(理由)	101
으러	(子+)〜(し)に(移動の目的)	69
으로	(名子+)〜で〔手段, 方法〕;〜へ〔方向〕	62
으면	(子+)〜れば, 〜と, 〜たら(仮定, 条件)	117
으면 되다	(子+)〜ればよい	120
으면 안 되다	(子+)〜てはいけない(禁止)	120
으세요	(子+)〜されます(か), お〜です(か);お〜ください, 〜てください	58
으셨	(子+)〜られた, お〜になった	67
으시	(子+)〜れる・られる, お〜になる, お〜だ	42
은	(名子+)〜は	21
은	(形・指+, 子+)〜な…, 〜の…	76

ㅎ

◆ 日本語ー韓国朝鮮語対訳リスト ◆

あ	
愛	사랑
間（あいだ）	가운데, 사이;(時間)동안
会う	만나다
青い	파랗다, 푸르다
赤い	빨갛다
アカウント	계정
明かり	볼
上がる	오르다
秋	가을
諦める	포기하다
開ける	열다
あげる	주다
朝	아침
朝ごはん	아침
あさって	모레
朝寝坊する	늦잠을 자다
脚	다리
足	발
味	맛
明日	내일
足の指	발가락
あそこ	저기
遊ぶ	놀다
与える	주다
暖かい	따뜻하다
頭	머리
新しく	새로
あっ	아
暑い	덥다
合っている	맞다
集まる	모이다
あと	나중
後で	이따가
あの	저
甘い	달다
雨水	빗물
あまり（〜ない）	별로
あまりに	너무
雨	비
アメリカ	미국
洗う	씻다
有り難い	고맙다
ありがとうございます。	감사합니다.

あります	있어요
〜ありません	**지 않습니다**
〜ありませんか	**지 않습니까**
ある	있다
歩く	걷다
あれ	저것
案内する	안내하다
いいえ	아니요
言う	말하다
家	집
イギリス	영국
生きる	살다
行く	가다
いくら	얼마
いくら（〜ても）	아무리
医者	의사
〜以上	이상
椅子	의자
忙しい	바쁘다
急ぐ	서두르다
痛い	아프다
至る	다다르다
至る	이르다
一	일
イチゴ	딸기
一度	한번
市場	시장
一番	제일
いつ	언제
一週間	일주일
一生懸命	열심히
一緒に	같이, 함께
五つ	다섯
一杯飲む	한 잔 하다
いつも	늘, 항상
糸	실
いない	없다
犬	개
今	지금
います	있어요
意味	의미
妹	여동생, 동생
いらっしゃらない	안 계시다
いらっしゃる	계시다
いる	있다
入れる	넣다

いろいろ	여러 가지
祝う	축하하다
印象	인상
インターネット	인터넷
インチョン（仁川）	인천
上	위
〜ウォン	원
受け取る	받다
受ける	받다
ウサギ	토끼
後ろ	뒤
（味が）薄い	싱겁다
嘘	거짓말
嘘をつく	거짓말을 하다
歌	노래
歌う	부르다
打つ	치다
美しい	아름답다, 곱다
腕	팔
海	바다
産む	낳다
売場	매장
売る	팔다
うれしい	기쁘다
（お会いできて）うれしいです。	반갑습니다.
運転する	운전하다
運動場	운동장
エアコン	에어컨
映画	영화
映画館	극장
英語	영어
ええ	네
描く	그리다
絵	그림
駅	역
得る	얻다
鉛筆	연필
お〜ください	**세요/으세요**
お〜する（謙譲）	**아/어/여 드리다**
お〜ですか	**세요/으세요**
お〜になった	**셨/으셨**
お〜になる	**시/으시**
おいしい	맛있다
お祝い	축하
終える	끝내다

多い	많다
大型	대형
大型スーパー	대형 마트
大きい	크다
多く	많이
お母様	어머님
お母さん	어머니
お母ちゃん	엄마
おかげで	덕분에
お菓子	과자
おかず	반찬
おかっぱ頭	단발머리
お金	돈
起きる	일어나다
置く	놓다
億	억
奥様	사모님
贈り物	선물
送る	보내다
遅れる	늦다
幼い	어리다
おじいさん	할아버지
教える	가르치다
おじさん	아저씨
お嬢様	따님
押す	밀다, 누르다
お互い	서로
お宅	댁
お茶	차
おっ	어
音	소리
お父様	아버님
お父さん	아버지
お父ちゃん	아빠
弟	남동생, 동생
男	남자
お歳	연세
おととい	그저께
お腹	배
同じだ	같다
お名前	성함
お兄さん	형(弟から), 오빠(妹から), 형님(尊敬)
お姉さん	누나(弟から), 언니(妹から), 누님(尊敬)
お願いする	부탁하다
おばあさん	할머니
お話	말씀
おはようございます	안녕하세요?, 안녕하십니까?

おまえ	너, 네 (가の前)
おまえから	너에게서, 네게서
おまえたち	너희
おまえに	너에게, 네게
おまえの	네
重い	무겁다
思う	생각하다
おもしろい	재미있다
おもしろくない	재미없다
表	겉
お休みになる	주무시다
降りる	내리다
終わり	끝
終わる	끝나다
音楽	음악
女	여자

か

～が	가/이, 께 (尊敬)
～(する)が	**는데, ㄴ데/은데, 지만**
ガールズグループ	걸그룹
～回	번
～階	층
会員	회원
会議	회의
会議中	회의중
外国	외국
会社	회사
会社員	회사원
買い物	쇼핑
飼う	기르다
買う	사다
帰る	돌아가다, 돌아오다
替(変)える	바꾸다
顔	얼굴
顔を洗う	세수를 하다
カカオトーク	카카오, 카톡
価格	값
(時間が) かかる	걸리다
鍵	열쇠
かき混ぜる	젓다
書く	쓰다
学生	학생
～ヵ月	개월
掛ける	걸다
傘	우산
歌手	가수
貸す	빌려주다
風	바람

風邪	감기
風邪を引く	감기가 들다
数える	세다
ガソリンスタンド	주유소
方(かた)	분
肩	어깨
固める	굳히다
～月(がつ)	월
学校	학교
悲しい	슬프다
必ず	꼭, 반드시
カバン	가방
カフェ	카페
髪	머리
紙	종이
噛む	씹다
カメラ	카메라
通う	다니다
火曜日	화요일
～から	**에서**(場所), **에게서, 한테서**(人・動物), **부터**(時間・順番)
辛い(からい)	맵다
カラオケルーム	노래방
身体	몸
借りる	빌리다
カルビ	갈비
カレンダー	달력
川	강
川の水	강물
変わる	바뀌다
～間(かん)	동안
考える	생각하다
韓国	한국
韓国語	한국말, 한국어
韓国人	한국인
韓国朝鮮語	한국말, 한국어
韓国料理	한국 음식
看護師	간호사
漢字	한자
元日	설날
感謝する	감사하다
感動	감동
看板	간판
韓服	한복
木	나무
黄色い	노랗다
聞く	듣다, 묻다
帰国	귀국
季節	계절

北	북쪽
気づく	깨닫다
切手	우표
きつね	여우
切符	차표, 표
気に入る	마음에 들다
昨日	어제
キムチ	김치
客	손님
90	구십, 아흔
急に	갑자기
牛肉	소고기
牛乳	우유
きゅうり	오이
寄与	기여
今日	오늘
教科書	교과서
教会	교회
教室	교실
協力	협력
去年	작년
嫌いだ	싫어하다
嫌う	싫어하다
(スイッチを)切る	끄다
着る	입다
きれいだ	예쁘다, 아름답다 ; 깨끗하다 (清潔)
切れる	끊어지다
銀行	은행
近所	근처
勤務する	근무하다
金曜日	금요일
九	구, 아홉
空港	공항
空腹だ	고프다
くし	빗
果物	과일
口	입
唇	입술
くつ	구두
国	나라
首	목
クマ (熊)	곰
雲	구름
暗い	어둡다
～くらい	쯤
暮らし	삶
来る	오다
車	차
くれる	주다
警官	경찰
経験	경험
計算する	계산하다
K-POP	케이팝
ケーキ	케이크
消す	끄다
結果	결과
結婚	결혼
結婚する	결혼하다
月曜日	월요일
～けれど	**는데, ㄴ데/은데, 지만**
けんかをする	싸우다
研究室	연구실
～個	개
五	오, 다섯
子犬	강아지
公園	공원
合格	합격
高校	고등학교
交差点	사거리
～号室	호실
高速バス	고속버스
こうだ	이렇다
紅茶	홍차
紅葉	단풍
高麗人参	인삼
高麗人参茶	인삼차
交流	교류
声	소리
コーヒー	커피
氷	얼음
故郷	고향
国語	국어
国民	국민
国立	국립
ここ	여기
午後	오후
ここから	여기에서, 여기서
ここで	여기에서, 여기서
九つ	아홉, 구
心	마음
腰	허리
ご子息	아드님
50	오십, 쉰
故障する	고장나다
午前	오전
答える	대답하다
コチュジャン (唐辛子味噌)	고추장
こちら	이쪽
こと	것, 거 ; 적
ことが	것이, 게
～ことができない	**ㄹ/을 수 없다**
～ことができる	**ㄹ/을 수 있다**
今年	올해
ことで	것으로, 걸로
ことは	것은, 건
子供	아이
ことを	것을, 걸
この	이
この前	지난번
好む	좋아하다
ご飯	밥
ご両親	부모님
これ	이것
これ以上	더 이상
これが	이것이, 이게
これからも	앞으로도
怖い	무섭다
今月	이번 달
混雑している	복잡하다
今週	이번 주
今度の	이번
こんにちは	안녕하세요?, 안녕하십니까?
こんばんは	안녕하세요?, 안녕하십니까?
コンビニエンスストア	편의점

さ

さあ	글쎄요
～歳	살
最近	요즘
最後	끝
裁判官	판사
財布	지갑
探す	찾다
(食べる)魚	생선
咲く	피다
昨年	작년
酒	술
差し上げる	드리다
～冊	권
サッカー	축구
さっき	아까
寒い	춥다
サムゲタン (参鶏湯)	삼계탕

寒さ	추위
さようなら	안녕히 가세요.(去る人に), 안녕히 계세요.(残る人に)
皿	접시
～されますか	**세요/으세요**
騒ぐ	떠들다
三	삼, 셋
～さん	씨
参考	참고
30	삼십, 서른
～し	고
四	사, 넷
～時	시
CD	시디
ジーンズ	청바지
塩辛い	짜다
しかし	그러나
時間	시간
～時間目	교시
四季	사계절
試験	시험
仕事	일
祭祀	제사
事実	사실
事情	사정
静かだ	조용하다
静かに	조용히
下	아래, 밑
従う	따르다
親しい	친하다
七	칠, 일곱
～し続ける	계속
質問	질문
自転車	자전거
自動車	자동차
市内	시내
品物	물건
死ぬ	죽다
支払う	치르다
閉まる	닫히다
事務室	사무실
閉める	닫다；잠그다(鍵を)
ジャージャー麺	짜장면
社会	사회
写真	사진
社長	사장님
若干	약간
借金	빚
週	주
十	십, 열
自由	자유
10月	시월
住所	주소
ジュース	주스
終声	받침
週末	주말
重要だ	중요하다
授業	수업
塾	학원
宿題	숙제
準備	준비
使用する	사용하다
紹介する	소개하다
上手だ	잘하다
小説	소설
焼酎	소주
将来	장래, 앞날
食事	식사
食堂	식당
女子学生	여학생
女性	여자
ショッピング	쇼핑
書店	서점
初等学校	초등학교
書類	서류
知らせる	알리다
知らない	모르다
調べる	찾다, 알아보다
資料	자료
汁	국, 육수
知る	알다
白い	하얗다, 희다
進学	진학
信じる	믿다
心理	심리
診療	진료
スイカ	수박
水道	수도
水曜日	수요일
(たばこを)吸う	피우다
スーパーマーケット	슈퍼마켓
末(すえ)	말
スカート	치마
スキー	스키
好きだ	좋아하다
～すぎる	너무
少ない	적다
すぐに	곧, 금방
少し	조금, 약간
過ごす	지내다
涼しい	시원하다
頭痛	두통
すっかり	다
すっきりする	시원하다
ずっと	계속
すでに	이미
捨てる	버리다
スプーン	숟가락
すべて	다
すまない	미안하다
すみません。	미안합니다.(謝るとき), 저기요.(呼びかけ)
住む	살다
～する	**겠**(意志)
～する…	**는**(現在), **ㄹ/을**(未来)
する	하다
座る	앉다
澄んでいる	맑다
背	키
清潔だ	깨끗하다
成績	성적
制服	교복
説明(する)	설명(하다)
背中	등
狭い	좁다
ゼロ	영, 공
線	선
千	천
洗顔	세수
先月	지난달
先週	지난주
先生	선생님
洗濯する	빨래하다
先輩	선배
全部	다
掃除	청소
～そうだ	**것 같다**
そうだ	그렇다
そうだが	그렇지만
そうです(か)	그래요
そうですね	글쎄요
そうならば	그러면
ソウル	서울
ソウル駅	서울역
そこ	거기
そこから	거기에서, 거기서
そこで	거기에서, 거기서

そして	그리고
注ぐ	붓다
育てる	기르다
外	밖
その	**그**
そのまま	그냥
空	하늘
それ	그것
それから	그리고
それで	그래서
それでは	그럼
それなら	그러면

た

～(し)た…	**ㄴ/은** (過去) ; **던, 았던/었던, 였던** (回想)
～た	**았/었/였**
～だ	이다
～(し)たい	**고 싶다**
大学	대학
大学生	대학생
大丈夫だ	괜찮다
大丈夫です。	괜찮아요.
タイトル	제목
大変だ	힘들다
題目	제목
太陽	해
高い	높다 (空間的に), 크다(身長) ; 비싸다 (値段)
だから	그러니까
たくさん	많이
タクシー	택시
～だけ	**만, 뿐**
だけども	그렇지만
出す	내다
助け	도움
助ける	돕다
尋ねる	묻다
～たち	들
立ち寄る	들르다
絶つ	끊다
立つ	서다
建物	건물
建てる	짓다
タバコ	담배
度々	자주
たぶん	아마
食べ物	음식

食べる	먹다
だめだ	안 되다
～たら	**면/으면**
誰	누구, 누 (가が続くとき)
誰か	누구
誰も	아무
～だろう	**ㄹ/을 것이다, 겠**
単語	단어, 낱말
男子学生	남학생
誕生日	생일
男性	남자
談話	담화
小さい	작다
近い	가깝다
近く	근처, 가까이
違っている	다르다
地下鉄	지하철
地球	지구
チゲ (料理名)	찌개
父	아버지
チマ	치마
チャプチェ (料理名)	잡채
注意	주의
注意する	조심하다
中学校	중학교
中国	중국
蝶	나비
ちょうど	바로
町内	동네
チョゴリ	저고리
ちょっと	좀, 잠까(만)
ちょっとの間	잠까(만)
ちょっと前	아까
通帳	통장
使う	쓰다, 사용하다
捕まえる	잡다
疲れている	피곤하다
疲れる	지치다
月	달
月の国	달나라
着く	도착하다, 닿다
机	책상
作る	만들다, 짓다
付ける	붙이다
点ける	켜다
続いて	계속
勤める	다니다, 근무하다
つなぐ	잇다

(お酒の) つまみ	안주
つまむ	집다
詰まる	막히다
冷たい	차다
～(する) つもりだ	**ㄹ/을 것이다, 겠**
梅雨	장마
つらい	힘들다
釣り	낚시
つるつるだ	미끄럽다
～て	**고** (羅列), **아서/어서/여서** (原因・先行), **아/어/여**
手	손
～で	**에서** (場所), **로/으로** (手段・方法)
～てあげる	아 주다
～(し) ていた…	**던, 았던/었던/였던**
～ていらっしゃる	**고 계시다**
～でいらっしゃいます	이십니다
停留所	정류장
～ている	**고 있다**
出かける	나가다
手紙	편지
～できない	**못, 지 못하다**
(陽＋) ～てください	**아/어/여 주세요**(依頼), **세요/으세요** (指示), **지요 , 죠**
～てくれる	아 주다
テコンドー	태권도
～てさしあげる	**아/어/여 드리다**
～てしまう	**아/어/여 버리다**
～です	**ㅂ니다/습니다, 아요/어요/여요, 예요/이에요, 에요**
～ですか	**ㅂ니까/습니까, 아요/어요/어요, 에요/이에요,에요 ; ㄹ까요/을까요**
～ですが	**는데요, ㄴ데요/은데요**
～ですね	**지요, 죠 ; 네요**
手伝う	돕다
～でない	아니다
テニス	테니스
テニスをする	테니스를 치다
手の指	손가락
デパート	백화점
では	그럼
～てはいけない	**면/으면 안 되다**

～ではない	**가/이 아니다**
～てみてください	아/어/여 보세요
～てみる	**아/어/여 보다**
～ても	**아도/어도/여도**
～でも	라도/이라도
寺	절
出る	나다 ; 나가다, 나오다
天気	날씨
電車	전철
電車の駅	전철역
電話	전화
電話番号	전화 번호
～と	**와/과, 하고**
～と（仮定、条件）	**면/으면**
ドア	문
トイレ	화장실
～頭	마리
唐辛子	고추
道具	도구
どうして	왜
どうしても	아무래도
投手	투수
どうだ	어떻다
到着する	도착하다
どうですか。	어때요?
動物	동물
道路	도로
十	십, 열
遠い	멀다
～と思う	**것 같다**
通り過ぎる	지나가다
時	때, 적
時々	가끔
解く	풀다（問題などを）
独立	독립
時計	시계
どこ	어디
どこから	어디에서, 어디서
どこで	어디에서, 어디서
ところ	곳
ところで	그런데
登山する	등산하다
歳（とし）	나이
図書館	도서관
途中	길
トッポキ（料理の名前）	떡볶이
とても	아주
隣	옆
どの	어느
どのように	어떻게
泊まる	묵다
止まる	서다
友達	친구
土曜日	토요일
ドラマ	드라마
鳥	새
鶏肉	닭고기
撮る	찍다
どれ	어느 것
どんなに	아무리
どんな	어떤

な

～な…	**ㄴ/은**（現在）, **ㄹ/을**（未来）
～ない	**지 않다, 안**
ない	없다
～しないでください（禁止）	**지 마세요, 지 마십시오**
治る	낫다
仲	사이
中	안, 속
長い	길다
流れる	흐르다
泣（鳴）く	울다
なくす	잃다, 잃어버리다
亡くなる	돌아가시다
～なければいけない	**아야/어야/여야 되다(하다)**
なぜ	왜
夏	여름
なつかしい	그립다
夏休み	여름 방학
～など	등
70	칠십, 일흔
七つ	일곱
何	무엇, 뭐
何が	무엇이, 뭐가
何事	웬일
何で	무엇으로, 뭘로
何を	무엇을, 뭘
何をする	뭐 하다
名前	이름
涙	눈물
習う	배우다
なる	되다
何～	몇
何日	며칠
何の	무슨
何のために	어떻게
何曜日	무슨 요일
～に	**에**（場所）, **에게 , 한테**（人·動物）, **께**（尊敬）
～(し)に	**러/으러**
二	이, 둘
肉	고기
西	서쪽
20	이십, 스물
20の	스무
～日	일
日曜日	일요일
日記	일기
似ている	비슷하다
～になる	**가/이 되다**
には	에는, 엔
日本	일본
日本語	일본어, 일본말
日本人	일본 사람, 일본인
荷物	짐
入学	입학
入力	입력
～人	사람
人気	인기
人形	인형
ニンジン	당근
ぬいぐるみ	인형
抜く	뽑다
脱ぐ	벗다
根	뿌리
ネコ	고양이
値段	값
熱心に	열심히
寝坊	늦잠
寝る	자다, 잠을 자다
～年	년
～年生	학년
～年代	년대
の	것
～の	**의**
ノート	공책, 노트
残す	남기다
残る	남다
載せる	싣다
後ほど	나중
～ので	**니까/으니까, 아서/어서/여서**
のど	목
～のみ	**만**

飲み物	음료수
飲む	마시다
乗り場	타는 곳
乗る	타다

は

歯	이
～は	**는/은, ㄴ, 께서는**(尊敬)
場合	경우
パーティー	파티
はい	네, 예
～杯	잔
入る	들다, 들어가다, 들어오다
履き物	신발
履く(はく)	신다
博物館	박물관
箱	박스, 상자
箸	젓가락
初めて	처음
はじめまして	처음 뵙겠습니다.
始める	시작하다
場所	곳
バス	버스
～はずだ	**ㄹ/을 것이다**
パスポート	여권
パソコン	컴퓨터
八	팔, 여덟
80	팔십, 여든
発音	발음
発揮	발휘
パッチム	받침
発展する	발전하다
花	꽃
鼻	코
話	말, 이야기
バナナ	바나나
母	어머니
早(速)い	빠르다
早く	빨리, 일찍
腹	배
春	봄
腫れる	붓다
半	반
パン	빵
ハングル	한글
判事	판사
～番目	째
韓流	한류
日	날
火	불
ピアノ	피아노
ビール	맥주
東	동쪽
光	빛
～匹	마리
(線を)引く	긋다
低い	낮다
飛行機	비행기
久しぶり	오랜만
美術館	미술관
額(ひたい)	이마
左	왼쪽
引っ越しする	이사를 가다, 이사하다
ヒットする	히트하다
必要だ	필요하다
人	사람
一つ	하나
一つの	한
一人で	혼자
日の出	해돋이
ビビンバ	비빔밥
ピビン冷麺	비빔냉면
百	백
病院	병원
ピョンヤン	평양
昼	낮
昼ご飯	점심
拾う	줍다
広げる	펴다
服	옷
複雑だ	복잡하다
復習する	복습하다
プサン	부산
豚	돼지
二つ	둘
二つの	두
豚肉	돼지고기
物価	물가
太る	살찌다
船	배
踏む	밟다
冬	겨울
降る	오다, 내리다
プルゴギ(料理名)	불고기
プレゼント	선물
～分	분
文	글
雰囲気	분위기
～へ	**로/으로, 에**
下手だ	서투르다
ペット	반려동물
部屋	방
勉強(する)	공부(하다)
弁護士	변호사
便利だ	편리하다
方(ほう)	쪽
帽子	모자
ボールペン	볼펜
ぼく	나
細い	가늘다
ボタン	버튼
ホテル	호텔
ほどく	풀다
ほとんど	거의
本	책
～本	병
本代	책값
ほんとうですか	정말요
本当に	정말, 참
翻訳	번역

ま

～枚	장
毎朝	매일 아침
毎日	매일
前	앞
(値段を)まける	깎다
負ける	지다
～ましょう	**아요/어요/여요, 지요, 죠**
ましょうか	**ㄹ까요/을까요**
～ます	**ㅂ니다/습니다, 아요/어요/여요；ㄹ게요/을게요**(意志)
～ますか	**ㅂ니까/습니까, 아요/어요/여요；ㄹ까요/을까요；지요, 죠**
～ますが	**는데요, ㄴ데요/은데요**
～ますね	**지요, 죠；네요**
ますます	더욱
～ません	**지 않습니다**
～ませんか	**지 않습니까, ㄹ까요/을까요**
また	또

まだ	아직
間違う	틀리다
間違って	잘못
待つ	기다리다
まっすぐに	똑바로
〜まで	**까지**
窓	창문
習う	배우다
まぶしい	부시다
眉毛	눈썹
万	만
漫画	만화
マンション	아파트
真ん中	가운데
満腹だ	부르다
見える	보이다
右	오른쪽
短い	짧다
水	물
店	가게, 집
見せる	보이다
道	길
三つ	셋
三つの	세
南	남쪽
耳	귀
見る	보다
向かい側	건너편, 맞은편
昔	옛날
難しい	어렵다
息子	아들
娘	딸
六つ	여섯, 육
胸	가슴
無理する	무리하다
目	눈
〜名	명
〜メートル	미터
メール	메일
召し上がる	드시다, 잡수시다
メニュー	메뉴
〜も	**도**
もう	벌써, 이미, 이제
もう〜だけ	만 더
もう一度	다시
申し訳ない	미안하다
もう少し	좀 더
木曜日	목요일
もしもし。	여보세요?
持つ	들다, 갖다
持って行く	가져 가다
もっと	더
もの	것, 거
ものすごく	굉장히
問題	문제

や

焼肉店	고깃집
焼く	굽다
約束	약속
野菜	야채
易しい	쉽다
安い	싸다
休む	쉬다, 놀다
安らかに	안녕히
薬局	약국
八つ	여덟, 팔
山	산
山登りをする	등산하다
やめる	끊다
夕方	저녁
郵便局	우체국
雪	눈
ゆっくり	천천히
よい	좋다
〜ようだ	**것 같다**
よく	잘 ; 자주
横	옆
四つ	넷
四つの	네
予定	예정
呼ぶ	부르다
読む	읽다
〜より	**보다**
夜	밤
よろしく伝える	안부 전하다
40	사십, 마흔

ら

来月	다음 달
来週	다음 주
来年	내년
〜られた	**셨/으셨**
〜リッター	리터
理由	이유
留学	유학
留学する	유학을 가다
留学生	유학생
流行する	유행하다
(学校の)寮	기숙사
料理	요리, 음식
リンゴ	사과
冷麺	냉면
歴史	역사
列車	열차
〜れば	**면/으면**
〜ればよい	**면/으면 되다**
レポート	리포트
〜れる	**시/으시**
練習(する)	연습(하다)
連絡(する)	연락(하다)
六	육, 여섯
6月	유월
60	육십, 예순
路地	골목

わ

若い	젊다
沸かす	끓이다
わからない	모르다
わかる	알다
わざわざ	굳이
患う	앓다
忘れる	잊다, 잊어버리다
わたくし	저
私	저 ; 나
私から	저에게서, 제게서 ; 나에게서, 내게서
私たち	우리
私ども	저희
私に	저에게, 제게 ; 나에게, 내게
私の	제
私は	저는, 전
私を	저를, 절
笑う	웃다
悪い	나쁘다
〜を	**를/을, ㄹ**

著者略歴

生越　直樹（おごし　なおき）

1955年，島根県生まれ。大阪外国語大学大学院修士課程修了，大阪大学大学院後期課程中退，横浜国立大学，国立国語研究所，東京大学大学院総合文化研究科を経て，現在，東京大学名誉教授。

著書に，『対照言語学』（編著，東京大学出版会），『在日コリアンの言語相』（編著，和泉書院），『ことばの架け橋中級表現編』（白帝社），『根と幹』『花と実』（共著，朝日出版社），『韓国語Ⅰ，Ⅱ（‘20)』（共著，放送大学教育振興会）などがある。

三ツ井　崇（みつい　たかし）

1974年，福井県生まれ。一橋大学大学院修士課程，同博士後期課程修了，同志社大学を経て，現在，東京大学大学院総合文化研究科教授。

著書に，『朝鮮植民地支配と言語』（明石書店），『世界歴史大系　朝鮮史2　近現代』（共著，山川出版社），『韓国朝鮮の歴史と文化（’21)』（共著，放送大学教育振興会）などがある。

チョ・ヒチョル（曺喜澈）

1953年，韓国大邱生まれ。韓国外国語大学通訳大学院修士課程，中央大学大学院後期課程単位取得退学。元東海大学教授。現在，日本薬科大学（韓国薬学コース）客員教授，「お、ハングル！」主宰。2009，2010年度「NHKテレビでハングル講座」講師。

著書に，『1時間でハングルが読めるようになる本』（Gakken），『本気で学ぶ韓国語』（ベレ出版），『ひとめでわかる韓国語きほんのきほん』（高橋書店）などがある。

イラスト・長岡理恵

韓国朝鮮語初級テキスト
ことばの架け橋　精選版

2000年　9月20日　初版発行
2011年　3月25日　改訂初版発行
2020年　3月30日　精選第1刷発行
2024年　3月25日　精選第4刷発行

著　者　生越直樹・三ツ井崇・チョ·ヒチョル
発行者　佐藤和幸
発行所　株式会社　白　帝　社
〒171-0014 東京都豊島区池袋2-65-1
電話 03-3986-3271　FAX 03-3986-3272
https://www.hakuteisha.co.jp/
デザイン・DTP　（株）アイ・ビーンズ
印　刷・製　本　ティーケー出版印刷

Printed in Japan〈検印省略〉　ISBN978-4-86398-406-6
＊定価は表紙に表示してあります。

用言の形まとめ

● 母音語幹，ㄹ語幹，子音語幹の用言

	母音語幹 사다（買う）	ㄹ語 살다（住む）	子音語幹 받다（受け取る）
ㅂ니다/습니다 〜ます・です	**ㅂ니다** 삽니다	〈ㄹ落〉**ㅂ니다** 삽니다	**습니다** 받습니다
아요/어요 〜ます・です（か）	**아요/어요** 사요(?)	**아요/어요** 살아요(?)	**아요/어요** 받아요(?)
세요/으세요 〜されます（か）	**세요** 사세요(?)	〈ㄹ落〉**세요** 사세요(?)	**으세요** 받으세요(?)
러/으러 〜しに（移動の目的）	**러** 사러	**러** 살러	**으러** 받으러
動詞現在連体形 는 〜する〜	**는** 사는	〈ㄹ落〉**는** 사는	**는** 받는
動詞過去連体形 ㄴ/은 〜した〜	**ㄴ** 산	〈ㄹ落〉**ㄴ** 산	**은** 받은
未来連体形 ㄹ/을 〜する〜	**ㄹ** 살	〈ㄹ落〉**ㄹ** 살	**을** 받을

変則用言

	ㅂ変則 어렵다(難しい)	ㄷ変則 듣다(聞く)	ㅅ変則 짓다(作る)	ㅎ変則 그렇다(そうだ)
지만(〜けれども)	어렵지만	듣지만	짓지만	그렇지만
습니다(〜です, ます)	어렵습니다	듣습니다	짓습니다	그렇습니다
으면(〜れば)	어려우면	들으면	지으면	그러면
은(〜い〜)(〜た〜)	어려운	들은	지은	그런
았(었)어요 (〜でした, ました)	어려웠어요	들었어요	지었어요	그랬어요

	으変則 슬프다(悲しい)	르変則 부르다(呼ぶ)	러変則 푸르다(青い)
지만(〜だが)	슬프지만	부르지만	푸르지만
ㅂ니다(〜です, ます)	슬픕니다	부릅니다	푸릅니다
면(〜れば)	슬프면	부르면	푸르면
ㄴ(〜い〜)(〜た〜)	슬픈	부른	푸른
았(었)어요 (〜でした, ました)	슬펐어요	불렀어요	푸르렀어요